ENGRANE

Una nueva propuesta de servir

JUAN G. RUELAS

Engrane

por Juan G. Ruelas

ISBN: 978-1-942991-07-6

Publicado por
Editorial RENUEVO

Contenido

«Pues así como cada uno de nosotros tiene un solo cuerpo con muchos miembros, y no todos estos miembros desempeñan la misma función, también nosotros, siendo muchos, formamos un solo cuerpo en Cristo, y cada miembro está unido a todos los demás. Tenemos dones diferentes, según la gracia que se nos ha dado.»

Romanos 12.4,5 y 6a

Capítulo 1

Preámbulo

«Los sueños de los hombres de hoy, serán las realidades del mañana.» (José Martí)

Hace algunos años, los pequeños productores de limón en el Estado de Colima, México, ambicionaron participar en las oportunidades del libre mercado. Y se echaron al hombro la tarea de emprender una fábrica para el beneficio e industrialización de la producción citrícola y otras frutas tropicales. El objetivo era que los campesinos alcanzaran mejores ingresos y dejaran de depender de los agentes industriales sin escrúpulos y de las especulaciones y avaricias de los comerciantes intermediarios, a quienes les llaman «coyotes».

Sin previa capacitación, aquellos paisanos iniciaron operaciones con la planta que habían adquirido a crédito del gobierno federal. Sobre la marcha fueron adquiriendo destreza en las maniobras de los procesos: administrativos, comerciales e industriales. **De pronto obtuvieron algunos resultados alentadores y aparecieron señales de prepotencia e imponencia y de crítica dentro de la misma organización.** Algunos consideraban a otros incompetentes y hasta analfabetos en los quehaceres empresariales. En sus reuniones, a pesar que este grupo de emprendedores tenían buenos logros, constantemente alguien tenía un comentario negativo de alguno de ellos. Con frecuencia había quienes querían resaltar más que los demás, acreditándose los logros a ellos mismos sin mencionar la contribución de los compañeros, y más aun tratándose de una empresa líder en la producción de los derivados del limón mexicano.

> **en una empresa hay cantidad de ideas que se deben usar para aportar al crecimiento y no para jactarse o criticar**

La individualidad se hizo evidente. La lucha desleal por ser reconocido y distinguirse entre los demás fue en aumento. Algunos individuos se atribuían los méritos de los logros alcanzados y exigían privilegios. Otros decían que eran los mejores en los quehaceres que les correspondía. Había comentarios como «nosotros lo hacemos diferente» formando aliados sin darse cuenta que en una empresa hay cantidad de ideas que se deben usar para aportar al crecimiento y no para jactarse o criticar. Bueno, este tipo de actitud fue en aumento hasta que se desató una lucha interna por el poder. En cada reunión surgían ideas improvisadas. Al compartirlas con el resto de los miembros, ciertos individuos se acreditaban lo que colectivamente se había acordado. Pronto ese individualismo empezó a ser más notorio hasta el punto de quererse sacar uno al otro de la jugada. Sin embargo, uno de ellos, a quien le habían encargado la gerencia temporal, propuso y obtuvo la autorización para que al menos los integrantes del Concejo de Administración y los socios productores más importantes, hicieran un curso de capacitación en «Comportamiento Empresarial». Entonces se contrató a una empresa.

El curso se desarrolló con buena asistencia. Para aquellos inmaduros empresarios no se podía más de que enseñarles dos elementos básicos: «La misión de la empresa» y «El espíritu de servir» que tendrían que asumir cada uno de los miembros.

Casi en todos los ejercicios y reuniones, los expertos detectaron prevalencia en el ánimo de algunos en avasallar, juzgar y humillar a los demás con comentarios y supuestos conocimientos como queriendo demostrar que eran mejores líderes argumentando que, la empresa necesitaba de un verdadero «liderazgo» creativo y fuerte que impusiera un estilo convincente para disciplinar a todos los socios. Por lo tanto la orientación de los expertos fue que el único liderazgo tendría que ser «La misión de la empresa» y los líderes o cabezas de cada uno de los grupos tendrían que enfocar sus diferentes direcciones y fortalezas hacia la misma «misión». Pocos entendieron el significado de «La misión», sin embargo los expertos explicaron: «la misión será un acuerdo en el que todos coincidieran en una premisa redactada en una sola frase que indicara el cometido, gestión, encargo y obligación de la empresa».

La mayoría de los presentes ni se emocionó. Se miraban unos a otros. Parecían desconcertados, a pesar de que dentro de aquel grupo había además de campesinos, profesionistas, ingenieros, abogados y ex sacerdotes católicos, hasta que Palimon pasó al pizarrón y escribió con letras bien grandes y legibles.

> **si cada socio inspira buenos pensamientos, la actitud personal de cada socio promovería una sinergia**

—Propongo que la premisa o misión diga, «Una organización para servir a todos los productores y consumidores de limón mexicano».

Nadie se opuso, pero igualmente nadie hizo por concientizar a los presentes sobre el alcance de las palabras «para servir a todos».

Ciertamente a los expertos no les tocaba proponer nada al respecto, porque la lección consistía en que fueran los mismos socios de la empresa citrícola los que generaran pensamientos con un estilo de actitud personal, que los hiciera sentirse bien entre ellos mismos y solamente explicaron que en las

la calidad de una sociedad empieza por la calidad de actitudes de cada uno de los miembros

actitudes de cada persona se reflejan sus sentimientos y pensamientos. Y en este caso, si cada socio inspira buenos pensamientos, la actitud personal de cada socio promovería una sinergia combinada de eficiencia y alegría que suscitara el éxito personal de cada miembro y por consecuencia, la victoria de toda la agrupación. Y los expertos concluyeron diciendo, «La calidad de una sociedad empieza por la calidad de actitudes de cada uno de los miembros».

Y encauzaron sus enseñanzas a sensibilizar al grupo sobre la importancia que tiene el desarrollar pensamientos y sentimientos personales de interdependencia y ayuda mutua que los alejara de cualquier pensamiento de egocentrismo, codicia, voracidad o desconfianza infundada. El curso se desarrollaba con ejercicios físicos dentro de la planta y consistían en tareas de campo, quehaceres, simulacros, etc. Que por cierto, a los más soberbios y narcisistas les parecía todo mal. Protestaban o simplemente se retiraban del grupo y ya no volvían. Solo unos pocos se quedaban.

El programa no continuó debido a que poco a poco se retiraban más personas hasta que ya no hubo la asistencia necesaria y no se completaron los asistentes necesarios para realizar el curso.

Lógicamente los negocios comenzaron a empeorar. Las supuestas cabezas al no querer cambiar sus actitudes impusieron ideas y con ellas a supuestos líderes de su preferencia. A ellos no les importaba «la misión», porque sólo se interesaban en ganar altos ingresos, que obtenían quedando bien con las cabezas que los habían colocado ahí.

La lucha por el poder se acentuó, los odios y las descalificaciones era todo lo que aportaban los lidercillos en sus argumentos. Sin embargo, Palimón, que todavía era un joven soñador que luchaba por cambiar las actitudes de sus compañeros, encabezaba reuniones pequeñas pretendiendo estimular sus consciencias.

La corporación fue presa fácil de los endeudamientos

bancarios, fiscales, del Seguro Social y de muchos acreedores particulares. La ausencia de productividad, la inexactitud de competitividad de su producción en el mercado y la falta de liquidéz provocó que los mismos socios comercializaran sus limones en otras empresas a pesar de que algunos pocos hicieron aportaciones en efectivo, tratando que, con su esfuerzo económico se salvara la situación. Finalmente, no había dinero ni para pagar la nómina de los trabajares. Éstos optaron por estallar la huelga aniquiladora y pronto todos contribuyeron con sus actitudes para acabar con aquella extraordinaria empresa.

Cuántas historias como estas hay donde algo empieza bien y termina mal por la falta de conocimiento en relación a nuestra actitud y percepción de «servir».

Servir según la historia

«Todo el mundo puede ser grande… porque
cualquiera puede servir. No tienes que tener un título
universitario para servir. No tienes que hacer que
tu sujeto y verbo se pongan de acuerdo para servir.
Sólo necesitas un corazón lleno de gracia; un corazón
motivado por el amor.» (Martín Luther King)

S ervir se deriva del sustantivo «siervo». La palabra siervo proviene del latín *servus* que significa «esclavo». Del verbo *servire* proviene «servir» que significa ser esclavo o estar al servicio de. *Servire* nos dio las palabras servir, servicio, servilleta, sirviente.

Servir nos provoca pensar en mostrar obediencia y sometimiento y no estamos dispuestos a tal indignación. A pesar que hoy en día la palabra servir implica acceder, aceptar o dignarse a realizar una acción por voluntad, no la aceptamos cien por ciento, pues su significante o a la imagen que nos trae a la mente nos provoca pensar en una persona sometida, un sirviente que se digna y accede a obrar sin voluntad a la disponibilidad de un individuo sin tener derecho a opinar.

La etimología de esta palabra nos ha creado un paradigma, una actitud de sentirnos inferior o subordinados en cuanto escuchamos la palabra servir.

No es para menos. Echémosle un vistazo a la historia.

La esclavitud y su origen

Inmediatamente en cuanto el hombre se dio cuenta que podía someter a otros hombres y tener poder sobre naciones nace el estrato social más bajo, **ser siervo o ser esclavo**. Este estrato social tiene sus origines desde los tiempos pre-históricos y desde las monarquías. Por la mano del hombre tenemos documentado la esclavitud desde las culturas más antiguas como la civilización de Egipto y de Mesopotamia. Aún en los relatos bíblicos que hablan del comienzo de la humanidad tenemos mención del tema de la esclavitud. Tomando esta primicia en cuanto a la esclavitud tuvo mucho que ver la ignorancia, la religión, el racismo, sentimiento de superioridad y deseo de ser más grande que los demás a lo cual podríamos llamar deseo de poder o deseo de ser importante.

En Mesopotamia unos 3500 años antes de Cristo, los esclavos no tenían derecho alguno y eran propiedad tanto del Estado como de los ciudadanos ricos. Estaban conformados por los prisioneros de guerra y por los ciudadanos que habían adquirido algún tipo de deuda que no podían pagar. Como consecuencia debían venderse a sí mismos junto a sus familias para pagar sus deudas.

En esta época el rey era la autoridad máxima. A quien se suponía de origen divino, es decir se pensaba que provenía de los dioses de los cuales recibía su poder. El rey debía ocupar el rol de representante de los dioses en la tierra y por ello era el primer sacerdote del imperio, además de ser el jefe del ejército y del aparato administrativo. Para realizar sus funciones se rodeaba de una serie de consejeros que lo secundaban. Por debajo de la autoridad del rey se ubicaba un grupo de dirigentes locales que ocupaban cargos administrativos y se repartían entre ellos los cargos. Estos concejos de individuos eran los encargados de poner en práctica el código de Hammurabi, que se utilizaba para reglamentar la justicia, la repartición de la tierra y procurar el bienestar del pueblo.

Debido a estas leyes de divinidad toda persona que el rey decidiera podría ser muerta o caer en la categoría de un siervo o esclavo. El esclavo, como ya dijimos, en esa época no tenía nada que ver con la raza o el color de la piel, pero si con el estatus social. Ser libre requería un precio económico. Si tenías deudas las cuales no podías pagar era posible que las pagaras con servicio como esclavo y si ya no eras útil para eso, entonces tus hijos perdían su libertad.

Abraham, el padre de los judíos y de los palestinos, salió

de Mesopotamia y en su posesión llevaba siervos y siervas (esclavos y esclavas). De hecho uno de sus hijos (Ismael), el padre de los palestinos, nació de una esclava. Esto nos afirma que la esclavitud en esta sociedad era un hecho no cuestionado ni vulgar bajo la mente de ningún hombre, sino un acto común y de gobierno.

El imperio egipcio

Los egipcios fueron la primera potencia mundial registrada en la historia imperial. A diferencia de otras culturas, los egipcios usaban faraones como la cabeza del imperio. La palabra *faraón* significa «casa grande». Este término se comenzó a usar en los años 3045 AC y terminó con la famosa Cleopatra para los años 20-30 AC. Los faraones eran considerados hijos de los dioses ya que en la mayoría de los casos se heredaba el mandato del padre al hijo y se acostumbraba a darle el título de *dios* al faraón fallecido. En Egipto los faraones eran los dueños de las propiedades y tenían un gobierno absoluto. Estos tenían muchos siervos los cuales unos eran comprados a otras naciones y otros eran tomados de algún pueblo que estaba bajo el dominio del imperio.

En el relato bíblico está la historia de los judíos los cuales estuvieron 400 años como esclavos en Egipto. En este caso, la esclavitud se originó como un medio del faraón de subyugar, domesticar y callar a un pueblo que crecía rápidamente dentro de sus territorios, lo cual deja bien clara la existencia de uno de los grandes males que ha llenado al mundo de dolor e injusticia: el racismo.

Los prisioneros de guerra que eran reducidos a esclavos, eran obligados a trabajar en diferentes tareas. Unos hacían labores militares y otros hacían operaciones de mano de obra para trabajos de construcción o agricultura.

También era común la utilización de esclavos como criados para el servicio doméstico. Muchos de los hogares de la antigüedad, sobre todo en familias ricas, requerían del trabajo de uno o más esclavos como costumbre habitual. El faraón tenía mucho poder sobre los siervos e incluso de los hombres considerados libres a quienes podía quitarle la libertad si así lo disponía. En muchas ocasiones los faraones eran enterrados con sus siervos y siervas para que estos le sirvieran en la otra vida, pues los faraones creían en la vida después de la muerte. Los siervos no eran enterrados muertos, sino vivos los cuales tenían que pasar por la horrenda muerte de la asfixia.

El esclavo en el imperio egipcio no tenía derecho a ser uso de nada que no le fuera asignado por el faraón. Es importante destacar que en Egipto no se prohibía la esclavitud de los ciudadanos egipcios. Estos podían ser esclavizados si tenían deudas que no podían pagar e incluso en muchas ocasiones estos eran vendidos a otras naciones. También el faraón o una autoridad correspondiente del imperio podía vender algunos de sus esclavos o regalárselos a algún otro rey amigo o a alguien que quisiera agradar.

La recaudación de impuestos movilizaba gran cantidad de funcionarios y para controlarlo todo se hacían censos muy frecuentes. El faraón era el dueño de las tierras. En algunos casos le cedía algunas porciones a los sacerdotes. Estos hacían que las personas pagaran sus impuestos con parte de su trabajo, grano, animales o productos artesanos. En el libro de Génesis dice que cuando Jacob, sus mujeres y sus hijos llegaron a Egipto, José, el cual era el primer ministro de la nación, le pidió al faraón un lugar para que ellos habitaran y el faraón le dio la tierra de Gocen ya que los Hebreos eran pastores de ovejas y los egipcios odiaban a los pastores. El faraón, como el nombre lo dice: «el amo o dueño de la casa», tenía esa potestad de dar sus territorios o de venderlos, pero este mayormente lo conservaba como parte de su propiedad y lo accedía a los ciudadanos para que estos los trabajaran y pagaran el usufructo con impuesto.

El gobierno babilónico

En babilonia, a diferencia de otras naciones donde se usaba la esclavitud, no todos los esclavos tenían un rango inferior. Estos podían tener un cargo importante en el gobierno dependiendo de su capacidad de manejar los intereses del rey y de su descendencia.

¿Cómo es que se hacía una persona esclava? En primer lugar una persona libre podía perder su libertad como consecuencia de un delito o de una deuda. A las personas pobres se les daba la libertad de vender a sus hijos en momento de necesidad. Había casos que un hombre vendía su familia completa para pagarle a sus acreedores. En estos casos la esclavitud no podía durar más de tres años. Después de este tiempo la persona quedaba libre sin ningún tipo de deuda con su amo. Otras personas eran esclavas porque eran conquistadas por las guerras. En muchas ocasiones los esclavos eran reclutados por los diferentes miembros del imperio según sus aptitudes para ocupar un puesto.

Los esclavos eran propiedad de su amo como un bien o mueble. Podían ser marcados y azotados y eran severamente castigados si intentaban escapar. Los esclavos tenían algunos derechos legales y además podían realizar negocios. Podían prestar dinero y comprar su libertad si eran capaces de ganarse el dinero necesario para pagar su libertad. Si un esclavo se casaba con una persona libre y tenían hijos éstos eran libres. En fin, vemos que aún en la cultura como la babilónica, la esclavitud no era una virtud de desear. La palabra *esclavo* dejaba un sabor de opresión, pobreza, maltrato y sometimiento.

La esclavitud de los imperios persas

Los persas tenían una postura esclavista que la distinguía de otras civilizaciones. No permitían esclavizar a sus propios ciudadanos. Solo podían esclavizar a extranjeros. Los persas, a pesar que dominaban y gobernaban sobre otras culturas y que los tuvieran como esclavos, no imponían su forma de pensar. Permitían que las culturas sometidas tuvieran libertad de creencias en cuanto a religión y artes mientras pagaran estos sus impuestos.

Los griegos y la esclavitud

La sociedad griega era esclavista. Esta sociedad la componían dos grupos de personas: los libres y los esclavos. Los libres no pertenecían a nadie y podían ser propietarios de esclavos en función de su riqueza. Los libres se dividían en dos categorías: los ciudadanos y los artesanos. Los ciudadanos poseían derechos políticos, podían votar y elegir cargos públicos, así como ser elegidos ellos mismos como tales. En la *polis* (estado autónomo) de Atenas, se consideraba ciudadanos a los hijos de padre y madre atenienses. Pagaban impuestos y tenían la obligación de servir en el ejército. Muchos de ellos eran agricultores o comerciantes. Constituían una minoría. Se estima que en el siglo V a.C. de 400.000 habitantes que se encontraban en Atenas, sólo unos 40.000 eran ciudadanos.

Los artesanos no ciudadanos en Atenas recibían el nombre de «metecos» y eran emigrantes residentes en la ciudad. En Esparta se llamaban «periecos». Eran hombres y mujeres libres, pero carecían de derechos políticos y no podían ostentar cargos públicos. Normalmente se dedicaban a la artesanía y al comercio. Algunos de ellos llegaron a acumular grandes fortunas.

podían prestar dinero y comprar su libertad si eran capaces de ganarse el dinero necesario para pagar su libertad

Los ciudadanos acomodados eran asistidos, ayudados o protegidos por esclavos. Los esclavos estaban privados de cualquier tipo de derechos. Tanto hombres, mujeres y niños de esa condición estaban privados de libertad y eran propiedad de los hombres libres o del Estado. A la condición de esclavo se llegaba por caer como prisionero de guerra, por ser hijo de padre y madre esclavos, por deudas, rapto o secuestro, etc. Las condiciones de vida de los esclavos eran muy variadas. No eran las mismas para un valorado esclavo que desempeñase funciones de maestro o médico, que para otro no especializado que trabajase en la agricultura o la minería. En cualquier caso el dueño poseía un absoluto poder sobre el esclavo.

> **sócrates creía que ningún hombre debía perder u ofrecer su libertad o debía permitir que otro hombre tomara control de su voluntad**

Debido al resurgimiento de la filosofía y los grandes pensadores llegaron a tener debates si la esclavitud era permitido o no, pero en la sociedad griega se consideraba la esclavitud como un hecho necesario de supervivencia y poder. Hombres como Sócrates dieron una gran aportación al tema de la libertad de cada hombre. Sócrates creía que ningún hombre debía perder u ofrecer su libertad o debía permitir que otro hombre tomara control de su voluntad. Su filosofía consistía en que cada hombre tiene una luz dentro de sí mismo que es la conciencia y ésta es la que le debe guiar en su camino. A pesar de esto Sócrates no logró ningún cambio en la sociedad griega en cuanto el asunto de la esclavitud.

La esclavitud en el Imperio romano

A lo largo de toda la historia del Imperio romano y su dominio sobre el Mediterráneo, Europa, África y Asia, la sociedad romana fue esencialmente esclavista y tanto su economía como su estructura social se basaba en un sistema de clases donde el esclavo constituía el escalón más bajo de la sociedad. La mayoría de los esclavos en la antigua Roma se adquirían a través de la fuerza. Los

cada hombre tiene una luz dentro de sí mismo que es la conciencia y ésta es la que le debe guiar en su camino

ejércitos romanos llegaban con prisioneros como parte de la recompensa de la guerra. En una de las columnas del Templo de Piletas estaba una columna preparada especialmente para dejar a aquellos niños que no tenían padre. Si alguien lo reclamaba se consideraba su padre. Sin embargo en la mayoría de los casos esto no sucedía. Si los niños eran varones los recogían personas que los convertían en sirvientes (esclavos). Si eran niñas las recogían para convertirlas después en jovencitas y poder ofrecerlas por dinero a clientes potenciales o mandándolas directamente a la calle, mostrándose a través de distintos mecanismos publicitarios. Cuando una mujer esclava tenía un hijo era elección del amo matarlo o dejarlo vivir. Si el amo decidía matarlo, la práctica de hacerlo no era reprochada por la sociedad.

Dentro del Imperio romano los esclavos eran vendidos en subastas públicas, en las tiendas y por venta privada para esclavos más valiosos. En ocasiones los esclavos eran atados y exhibidos en soportes rotativos. Cada esclavo llevaba colgado en el cuello una placa con los detalles de cada uno de ellos. Describía su origen, salud, carácter, aptitudes, educación y otra información pertinente para los compradores y así poder apreciar mejor sus cualidades y defectos. Siempre eran expuestos desnudos. Los precios variaban con la edad y la calidad. Los niños esclavos eran más baratos que los adultos y entre estos últimos los más valiosos alcanzaban precios equivalentes a miles de dólares de hoy día. A modo de garantía, el concesionario estaba obligado a reemplazar con un esclavo nuevo dentro de los seis meses tras la compra, si el esclavo tenía defectos ocultos que no se manifestaron en la venta. Los esclavos puestos a la venta sin periodo de garantía estaban obligados a llevar una gorra en la subasta y eran más baratos.

La calidad de vida como esclavo dependía en gran medida del tipo de trabajo que se le ocupaba. Para los esclavos, la asignación a las minas era a menudo una sentencia de muerte lenta. A los esclavos agrícolas generalmente les iba mejor mientras que a los esclavos domésticos de las familias ricas (familia urbana) posiblemente disfrutaban del más alto nivel de vida entre los esclavos. Los esclavos de propiedad pública no estaban sujetos a los caprichos de un solo amo, pero el alojamiento y comida eran de una calidad notoriamente inferior que a la de otros esclavos. Los domésticos, a diferencia, se podían encontrar trabajando como: cocineros, criados, mandaderos, botones, peluqueros, mayordomos, dependientes, camareros, enfermeros, secretarios, damas de compañía, costureras etc. — cualquier labor que facilitara la vida de los ciudadanos romanos. Los esclavos con más aptitudes e inteligencia podían trabajar en profesiones de contabilidad, educación y hasta medicina.

Los esclavos de ciudad, con permiso especial de matrimonio, podían tener familia y cierta autonomía y podían lograr su libertad de diferentes formas. Con la muerte de su amo, en cuyo testamento solía liberar a sus esclavos como muestra de generosidad. Cuando eran liberados de este modo, se les dejaba alguna propiedad o dinero.

Otros esclavos podían comprar su libertad. Después de haber pasado años representando a su amo en los negocios, podían ganar algún *peculio* (dinero). Amo y esclavo defendían su libertad ante un soberano y por declaración ante un magistrado podía lograr su libertad. Si la petición era aceptada se le ponía un bastón en la cabeza como señal de su libertad. Muchos emancipados (libertados) permanecían en la casa de sus amos haciendo las mismas labores, aunque con mayor dignidad.

Los esclavos no podían casarse, pero después del siglo II en el Imperio romano comenzaron a contraer matrimonio con un permiso especial. Los esclavos eran propiedad absoluta de su dueño. La mayoría carecían de personalidad jurídica, bienes y hasta de familia propia. El esclavo romano no tenía derecho al parentesco y ni al matrimonio, solo con autorización. No podía ejercer la paternidad ni la maternidad con libertad. Los hijos eran vendidos y separados de sus madres.

Los esclavos que gozaban de mayores privilegios eran aquellos que pasaban más tiempo con sus amos. Ellos eran quienes estaban al pendiente de sus amos y sus labores y los encargados de ayudar a su amo a ponerse la toga (investidura), pues era una labor de gran complicación. Otros eran los encargados de recibir a los invitados, recogerles la toga y los zapatos y ofrecerles un baño caliente o un lavado de pies. Los de mejor parecido y de mejores modales servían la comida vestidos en colores vivos que contrastaban con sus cabelleras con las que a veces sus amos se secaban. Los más agraciados servían el vino y cortaban los manjares mientras que los que limpiaban los platos y recogían las mesas iban con vestimenta inferior. A cada invitado se le adjudicaba un esclavo que permanecía a sus pies, incluso podía tomarlo de mueble para calentar sus pies o estar más cómodo.

Los que nacían como esclavos y eran educados formaban una clase privilegiada entre la servidumbre. En el Imperio romano, a los esclavos se les adjudicaban las tareas de acuerdo a su nivel cultural. Se les podía poner un collar con una placa en la que se leía «detenedme si escapo y devolvedme a mi dueño».

Los cristianos y la esclavitud

Ahora bien, el libro más cuestionado de toda la historia es sin duda la Biblia. Y sin embargo, casi la totalidad de la población mundial tiene una en su hogar y pertenece a alguna religión. Pero a pesar de esos hechos la mayoría de las personas no confían en la Biblia debido a que la consideran pasada de moda, sensacionalista o sencillamente no la entienden. Pero yo la menciono en este subtítulo ya que esta habla, tanto en el Viejo como en el Nuevo Testamento, sobre la esclavitud y en ninguna parte la menciona como algo reprochable. Sin embargo, en Israel, la esclavitud no tenía las mismas connotaciones que en otras naciones.

A los judíos se les menciona con mucha frecuencia en la Biblia, pues también fueron esclavos en Egipto y por lo tanto, debían tratar a sus esclavos con decencia. El Salmo 123, donde se compara la súplica de quien adora a Dios por misericordia con la súplica del esclavo, a menudo es citado para exigir a los dueños que traten a sus esclavos con compasión.

Muchas referencias dejan claro que la esclavitud era aceptada. En la carta a los Efesios, en el capítulo 6, menciona el deber de un esclavo con respecto a su amo y se compara con el de un hijo para con su padre y se ordena al esclavo «obedecer a sus amos según la carne en simplicidad de corazón, con respetuoso temor, como a Cristo». Muchas veces buscamos pruebas sobre las cosas que creemos. Necesitamos saber los fundamentos y compararlo con lo que otros creen. Para tener claro un concepto debemos saber su problemática y sus razones, pues nadie sabe porqué las personas piensan como piensan, a menos que no estudien sus razones.

La esclavitud en la América e Inglaterra colonial del siglo XVIII, estaba cargada de racismo y abusos, pero en el Israel del Antiguo Testamento el someterse a la esclavitud simplemente se convirtió en una necesidad para algunos. Nadie forzaba a nadie a ser esclavo. El esclavo firmaba un contrato accediendo a servir a la familia de su señor por un periodo de 7 años. Al final de este tiempo, la Ley requería la cancelación del contrato. Durante la duración de este contrato, el esclavo gozaba de todos los derechos de cualquier otro miembro de la familia, excepto el derecho a heredar. La analogía moderna más parecida sería la de una sirvienta doméstica. Un esclavo ciertamente ejecutaba tareas mucho más agotadoras que el trabajo liviano requerido de una sirvienta, no obstante, se desarrollaban relaciones interpersonales similares.

En Israel también se le permitía a los extranjeros que eran comprados como esclavos participar de los ritos sagrados de Israel siempre y cuando estos se circuncidaran. En Éxodo 12.43-44 nos dice, «Dijo Dios a Moisés y a Aarón:

Estas son las normas sobre la Pascua… Todo siervo comprado con dinero a quien hayas circuncidado podrá comerla». También el hecho que las personas quedaban libres en el séptimo año de esclavitud mostraba que de alguna manera la cultura judía no veía la esclavitud como un hecho normal para un ser humano, sino como un hecho circunstancial. Sin embargo, no podemos negar el hecho que a lo largo de la historia y una vez que el cristianismo comenzó

> **toda cultura ha evolucionado y las actitudes hacia la esclavitud han cambiado junto con ellas**

a tomar fuerza en Europa, los seguidores cristianos mal interpretaron o mal usaron la interpretación de los textos sagrados siendo propulsores de la esclavitud y en el peor de los casos haciéndose de la vista gorda ante injusticias hacia los esclavos.

Muchos esclavos que fueron convertidos al cristianismo al venir a América o Europa, creían que debían mantener una total sumisión ante sus amos y que ellos de ninguna manera debían revelarse o sublevarse. Con el tiempo fue el mismo movimiento cristiano quien en américa luchó por los derechos de los esclavos hasta conseguir la abolición de esta práctica.

Los europeos y la esclavitud

La razón por la cual aparece el cristianismo en este libro es debido a la existencia de la esclavitud en la Biblia y su postura sobre la misma en tiempos posteriores, pero es bueno saber que solo lo menciono debido a que este capítulo trata sobre la historia de la esclavitud. El cristianismo ha sido un movimiento muy importante en el mundo y al igual que cualquier otro imperio o nación tuvo su postura y creencia sobre el tema, por lo que considero muy importante que lo sepamos.

La esclavitud ha existido prácticamente a lo largo de toda la historia de la humanidad. Las costumbres y cultura no han permanecido estancadas a lo largo de los siglos. Toda cultura ha evolucionado y las actitudes hacia la esclavitud han cambiado junto con ellas. Los movimientos abolicionistas fueron raros antes del siglo XVIII. La más notable y primera excepción la encontramos registrada en el Antiguo Testamento, en el libro de Éxodo.

Las leyes del Antiguo Testamento ayudaron a establecer el tratamiento humano de los esclavos. Sin embargo, en Egipto, los israelitas sirvieron principalmente como fabricantes de ladrillos y fueron sujeto de un tratamiento severo. Moisés fue el hombre escogido por Dios para sacar de la esclavitud en Egipto a aproximadamente 600.000 hombres mas sus familias y debido a que los judíos dieron origen al cristianismo, hubo una mezcla de leyes y cultura más las nuevas enseñanzas de Jesús. Esto permitió en los países de Europa y América con gran influencia cristiana, una evolución de su sociedad así como un marcado incremento en el número de hombres que se atrevieron a reprochar y levantarse en contra de esta práctica.

En el Imperio británico, los esclavos fueron emancipados (libertados) en 1834, debido a los esfuerzos incansables de hombres como William Wilberforce y John Newton. Como ateo, Newton no tenía ningún fundamento moral sobre el cual basar alguna oposición a la esclavitud. Él fue un sirviente en un barco de esclavos y no recibió un tratamiento mejor que el de los esclavos a quien servía. Luego llegó a ser capitán de su propio barco de esclavos. Después de una tormenta tempestuosa John Newton experimentó la gracia de la fe cristiana, lo que lo llevó a repudiar su participación en el mercado de esclavos. William Wilberforce trabajó incansablemente para asegurar la abolición de la esclavitud en Inglaterra desde 1787 hasta su muerte en 1833. Varios meses antes de su muerte presenció la aprobación del Acta de Abolición de la Esclavitud por el Parlamento Británico.

El comercio inglés de esclavos finalmente acabó debido en gran parte a los esfuerzos infatigables de Wilberforce y Newton. Wilberforce también vivió una ardiente vida cristiana, la cual comenzó dos años antes de dedicar su vida a la abolición de la esclavitud. La película *Amazing Grace* estrenada en febrero del 2007, describe las historias de estos dos hombres.

En América, la esclavitud llegó junto a la colonización debido a la ambición del oro y a la fragilidad de los nativos. Los europeos decidieron controlar el nuevo mundo a través de la esclavitud de su gente, pero algunos frailes también se levantaron contra la esclavitud de los nativos. Unos fueron los padres de la caza, sin embargo la propuesta de estos no fue una propuesta de abolición, sino de intercambio. Ellos creían que debían traer negros de África ya que estos eran más fuertes y podían soportar más que los nativos el trabajo más exigente. Esta propuesta fue entregada y atendida por los españoles. Lo que no sabían era que haber traído africanos conllevaría una esclavitud en América de casi cinco siglos.

En los Estados Unidos se abolió la esclavitud con el presidente Abraham Lincoln en 1861. Sin embargo, no fue hasta 1968, con la muerte de Martin Luther King, donde se promulgaron leyes más fuertes en favor de los derechos humanos, donde cada hombre que vive en los Estados Unidos de América tiene el mismo derecho y no será tratado con diferencia por el color de la piel o raza. La esclavitud en América tenía la misma característica que en cualquier otro país del mundo: un esclavo era propiedad total de su amo y éste disponía de él según su conveniencia.

> **es notorio que la esclavitud fue el flagelo que dominó la mente de los hombres por siglos**

Una persona podía ser arrancada del seno de su familia al ser vendido como esclavo sin tener ningún reclamo.

Muchos esclavos que trataban de escaparse eran asesinados sin ningún tipo de juicio legal. En la mayoría de los casos morían ahorcados sin pasar por ningún tribunal. Nadie juzgaba o se preocupaba por la condición de los esclavos y estos no tenían posesiones, derechos o ganancia, a menos que su amo se lo permitiera.

Concepto de esclavo en la mente moderna

En los tiempos de la monarquía, hemos dicho que los prisioneros de guerra eran reducidos a la esclavitud por sus captores o los ganadores de las batallas y obligados a trabajar en tareas militares o civiles como ser, mano de obra para trabajos de construcción, ingeniería o agricultura. También era común utilizarlos como criados o sirvientes para el servicio doméstico. Muchos de los hogares de la antigüedad, sobre todo en clase media, requerían el trabajo de uno o más esclavos como costumbre habitual.

Independientemente de los testimonios y documentos escritos, existen pruebas de esclavitud en forma de mano de obra y ayuda doméstica especialmente entre los pueblos que no poseían escritura como los nómadas de Arabia, pueblos nativos de América, cazadores y recolectores de África, Nueva Guinea y Nueva Zelanda, además de países del Norte de Europa como ser, los germánicos, vikingos

> **presentar una propuesta de crecimiento personal y de liderazgo con el término «servir» es un reto que va a provocar una serie de opiniones variadas**

y otros. Es notorio que la esclavitud fue el flagelo que dominó la mente de los hombres por siglos.

Aunque ya el tiempo de la esclavitud quedó atrás, en la actualidad no hay un concepto más ofensivo que el que alguien sea o lo llamen «siervo» o «esclavo». Por lo tanto, presentar una propuesta de crecimiento personal y de liderazgo con el término «servir» es un reto que va a provocar una serie de opiniones variadas. Pues la historia nos revela que el *servir* está relacionado con *ser siervo* o *esclavo*. Y cuando se tiene un siervo, se espera que este honre y obedezca a su amo, que tenga una disposición humilde respecto a su señor, una devoción incondicional a servir a su amo, un ansia por servirle incluso en su ausencia y motivación por mantener a su amo satisfecho en todo.

uno puede vivir con mente de esclavo aun siendo libre

La pregunta para ti, lector, es, ¿Qué entiende la gente hoy en día del concepto de «siervo»? Ya dijimos que *siervo* y *esclavo* durante épocas de las monarquías era la misma cosa. Un siervo era un esclavo y un esclavo era un siervo. Al principio de este capítulo dimos unas cuantas definiciones de lo que las personas entienden como siervo:

1.- Propiedad exclusiva del amo
2.- Sumisión completa del esclavo al amo
3.- Devoción singular del esclavo al amo
4.- Dependencia absoluta del esclavo hacia su amo

Cuando hablamos de servicio con mentalidad occidental,

siempre pensamos en este término «servir» de manera despectiva. El servicio se entiende como algo inferior y con ciertos prejuicios ya que hay muchos recuerdos amargos sobre el servir. La intención de este libro es darte un entendimiento más amplio sobre el concepto de servir, que supera al concepto histórico. Uno puede vivir con mente

si el hombre moderno mantiene un concepto antiguo en su mente sobre el servicio, la palabra servir no podría contribuir en el mejoramiento de este mundo

de esclavo aun siendo libre, pues toda creencia o concepto que no fomente un mejoramiento puede atrancar tu evolución y serás esclavo de tus creencias.

Si el hombre moderno mantiene un concepto antiguo en su mente sobre el servicio, la palabra *servir* no podría contribuir en el mejoramiento de este mundo.

Es muy importante que sepamos que lo que concebimos mentalmente es vital para nuestro funcionamiento social. Nuestras capacidades son afectadas por nuestras actitudes. Nuestras actitudes son afectadas por nuestras creencias. Lo que el hombre entiende del concepto de un siervo es que era una persona esclava, que ejercía un servicio forzado; que los siervos son sometidos y que esta posición es para los peores de la sociedad que no tienen oportunidad de vivir una buena vida. Debido a que hoy en día la palabra *siervo* y *esclavo* tienen la misma connotación, los hombres modernos no piensan en «servir» como algo grande y noble. **Todo lo contrario, piensan en convertirse en algo grande para no servir y que alguien con menos valor o nivel social, les sirva.**

> **debido a que hoy en día la palabra siervo y esclavo tienen la misma connotación, los hombres modernos no piensan en «servir» como algo grande y noble**

La historia nos muestra que los hombres querían poder para no tener que servir y vivir una vida mejor obteniendo esclavos. **Hoy, el pensamiento tiene el mismo paradigma, la gente quiere poder para no servir, sino servirse de y poder explotar a otros.** Este concepto lo vemos en nuestra sociedad actual. En la primer oportunidad que un individuo, con mentalidad de someter, tenga de posicionarse sobre otros, este tiende a ser altanero, arrogante, engreído y despectivo. Quiere dominar y al hacerlo nunca piensa en el dolor de los otros. Esta forma de pensar crea un problema de sincronización. Nadie piensa en nadie. El líder orquestador no piensa en el hacedor y el hacedor no piensa en el orquestador. Es decir, el gobierno no piensa en el pueblo y el pueblo no piensa en el gobierno. El individuo con trauma de esclavo no piensa en ayudar a otros pues tiene mentalidad de carencia, por eso usa las oportunidades para saciar su hambre. Es tiempo de cambiar el significante (imagen) de lo que percibimos del verbo *servir*. El propósito entonces de este libro es llevar a tu mente un nuevo concepto, una nueva propuesta sobre el servir.

Capítulo 3

La actitud de servir

Lo que concebimos por *servir* es afectado por lo que las monarquías e imperios antiguos nos dejaron como legado.

¿Qué es actitud? Es el estado de ánimo y mental que expresa un individuo a través de su disposición. Es decir, es una postura física que expresa lo emocional y lo mental.

En mi etapa de estudiante en la Universidad de Fresno, los fines de semana mis dos compañeros de cuarto y yo acostumbrábamos a limpiar el departamento donde vivíamos. En una ocasión mientras yo lavaba los trastes le pedí a uno de ellos que aspirara la alfombra. Su respuesta fue con una actitud de enojo y fue así: *¿y yo por qué lo voy hacer?* Su actitud manifestaba un sentimiento de disgusto, de irritación. Es obvio que mi petición hizo sentir a mi compañero como una persona sumisa, subordinada, sin voluntad propia. Lo hizo sentir como un cordero dócil, obediente y hasta manejable.

En otra ocasión un supervisor de construcción le hizo la siguiente petición a uno de los trabajadores: «Fulano, hoy vas a emparejar, hacer una zanja, correr las pipas y levantar un cerco». El empleado responde con voz de inconformidad, «Pide lo que quieras, pues aquí tienen a su tonto...para lo que pagan». El supervisor no supo cómo reaccionar ante tal comentario. Es obvio que el trabajador no tiene escases de entendimiento, ni mucho menos padece deficiencia mental. Es una persona que está molesta, agobiada, irritada y disgustada, pues se siente reducido a obedecer. Se siente sometido y obligado a cumplir con las tareas. Su rango como obrero es inferior al del supervisor y él se siente sin escape. Se siente prisionero sin calidad de vida y sin autonomía. En otras palabras se siente como esclavo.

> **la actitud de cómo los siervos se sentían en los tiempos de las monarquías y como algunos individuos se sienten hoy en día cuando se les pide ejecutar alguna tarea, la diferencia no es mucha**

Si nos damos cuenta la actitud de cómo los siervos se sentían en los tiempos de las monarquías y como algunos individuos se sienten hoy en día cuando se les pide ejecutar alguna tarea, la diferencia no es mucha.

Es precisamente aquí donde hay que poner bien en claro que lo que se percibía como siervo o esclavo en

el pasado, hoy en día tiene un impacto en el individuo cuando se le pide a este que ejecute alguna tarea.

Aunque no vivamos en épocas de monarquías, la mente del individuo al recibir una asignación lo percibe como orden o imposición en contra de su voluntad. La mente humana no piensa en palabras sino en conceptos e imágenes. Los expertos dicen que estos tienen más poder sobre la mente que la realidad misma. Si es tan cierto que el ser humano es capaz de hacer según lo que se imagine, entonces podríamos decir que para el ser humano la calidad de ejecución depende de cómo se perciba él mismo. **El poder de la imaginación hoy en día, es uno de los grandes secretos para cambiar nuestros hábitos y poder alcanzar nuestras metas.**

> **si es tan cierto que el ser humano es capaz de hacer según lo que se imagine, entonces podríamos decir que para el ser humano la calidad de ejecución depende de cómo se perciba él mismo**

Entonces, lo que la mente es capaz de concebir es capaz de crear. Si concebimos o si nos imaginamos que somos personas inferiores cada vez que se nos pida hacer algo, entonces encontramos una justificación para actuar con resentimiento. Por lo tanto, la calidad de nuestro trabajo va a reflejar nuestra actitud.

En la vida todo es así, percibimos las cosas según nuestras creencias. A esto los psicólogos le llaman paradigmas. ¿Qué es un paradigma? Es un modelo, un molde, un modo psicológico de ver o hacer las cosas. No vemos el mundo como es, sino cómo creemos que es.

Cuando pensamos en los paradigmas y lo que estos causan en la mente humana, podríamos decir que si el molde mental está equivocado, todas nuestras acciones lo están.

> **si el molde mental está equivocado, todas nuestras acciones lo están**

Es esta la importancia de ajustar nuestras creencias y actitudes en cuanto a servir. El objetivo de este libro es, que cuando tú, amigo lector, termines de leerlo, puedas percibir de una manera distinta la palabra «servir», y entender que el mal entendimiento del significado podría desencadenar malos resultados pero el buen ajuste de este concepto causará una mejoría. Si hay un paradigma equivocado sobre el «servir», tú actitud va a ser equivocada. Los conceptos percibidos son un molde y tienen poder sobre la mente porque de ellos se forman las imágenes.

Muchas personas no le dan importancia a los conceptos que han albergado en sus mentes. Señoras y señores, los conceptos son un molde que se convierten en una piedra angular en cuanto a lo percibido, a lo intuido o la impresión desarrollada ante lo que ves o escuchas. Tus pensamientos y tu noción toman dirección según el molde (paradigma) construido en tu mente. Ese molde, ese concepto que tienes en tu mente en relación a «servir», tiene un impacto grande en tu vida. Especialmente cuando ese molde se ha convertido en un hábito y que ese hábito

> **ese molde, ese concepto que tienes en tu mente en relación a «servir», tiene un impacto grande en tu vida**

esté arraigado en tus neuronas. Entonces romper con ese paradigma se convierte en algo a superar. Pues nuestra actitud en relación a «servir» es afectada por lo que concebimos. Y si lo que concebimos en cuanto a «servir» está relacionado al sometimiento entonces estamos atrancados en esa creencia.

¿Cuál es tu actitud cuando se te pide «servir» o ejecutar una tarea? ¿Tu estado de ánimo es positivo al realizar la petición que se te hizo o quizás al desempeñar la actividad solicitada, tu actitud es negativa? ¿Te sientes usado, sometido, sin voz ni voto y hasta consumido?

No hay porqué sentirse así. Hoy, la servidumbre de las monarquías tradicionales de la historia pasada no existe.

Señoras y señores el mundo ha evolucionado y por lo tanto el individuo tiene que evolucionar en cuanto la actitud de servir. En un mundo moderno no podemos funcionar con pensamientos antiguos. En las monarquías cuando se decía «tú eres un siervo» se entendía inmediatamente, «tú eres un esclavo, parte de mi propiedad, alguien con quien yo puedo hacer lo que me plazca, porqué eres mi propiedad y debes estar sometido a mí». A las personas se le imponía esta manera de pensar. Por lo tanto no lo ponían a juicio porque los siervos percibían al rey como un enviado de Dios. Es a través de estas creencias donde la palabra *siervo* toma el sentido de «sirviente sometido a ser esclavo» y da la imagen de no valer nada, no merecer nada y ser pertenencia de alguien. **Aparentemente lo que concebimos por servir es afectado por lo que las monarquías e imperios antiguos nos dejaron como legado.**

> **en un mundo moderno no podemos funcionar con pensamientos antiguos**

Señoras y señores, hoy en día, el «servir» puede ejercerse

libremente, sin imposición ni riesgo a que te quiten la vida. Un individuo puede servir remunerativamente o puede servir sin recibir remuneración.

Capítulo 4

Servicio remunerativo y
no remunerativo

«Sólo el amor nos permite escapar y transformar la
esclavitud en libertad.» (Paulo Coelho)

Tras la caída del feudalismo (época de sumisión) el modelo político que surgió fue la democracia. Y el sistema económico que surgió en Europa durante el siglo XVI y logró imponerse desde esa época hasta la actualidad fue bautizado como el capitalismo. Entre sus principales características se encuentra la moneda como eje de la vida económica, es decir, la moneda se convierte en instrumento de intercambio. Podrías intercambiar dinero por algún servicio o producto.

El **capitalismo** consiste en un sistema de reglas que son las bases económicas donde el dueño de los **recursos de producción** es de carácter privado. Este sistema opera con base en la oferta y la demanda. Las decisiones financieras se toman en función de la **inversión de capital** y el retorno que pueda producir con miras a la competencia por los mercados de consumo y el trabajo asalariado. La clase social más alta enmarcada en este modelo recibe el nombre de burguesía capitalista.

El sistema de gobierno demócrata y el sistema económico capitalista en su plan de mejoramiento dieron vida a la libertad de empresa. En este ambiente de libre mercado el individuo sin importar su estrato social tiene la libertad de vender o comprar. Es decir, el individuo tiene la libertad de emprender una idea, materializarla y comercializarla.

> **en este ambiente de libre mercado el individuo sin importar su estrato social tiene la libertad de vender o comprar**

La producción, comercialización y valores de bienes y servicios resultan establecidos y condicionados por «la ley de la oferta y la demanda» y la competencia, pues todos tienen la libertad de vender y comprar.

En el libre mercado todos los implicados actúan y se comprometen de acuerdo a los intereses que posean: *el capitalista*, quien dispone de los recursos, pretende ampliar su beneficio por medio de la acumulación y reproducción del capital; *el trabajador*, por su parte, cumple con su labor para recibir una retribución material (el salario); y *los consumidores*, que buscan obtener la mayor satisfacción o utilidad posible al momento de adquirir productos o contratar servicios de diversa índole.

A grandes rasgos, el capitalismo se diferencia del feudalismo (sistema económico predecesor) en que los capitalistas por necesidad y no por capricho, compran trabajo a los obreros a *cambio de un salario* y no bajo una exigencia forzada o amenazante que obligue a las personas a trabajar de forma de esclavitud. Es decir, el individuo libremente vende su servicio de forma remunerativa donde recibe un salario compensativo por su labor.

La etimología del concepto *salario* está vinculada al uso que se le daba a la *sal* en la antigüedad. Durante la época del *Imperio romano*, la sal era un elemento muy valioso por ser imprescindible para la conservación de los alimentos a través del método conocido como *salazón*. Dado su valor, la sal se empleaba

> **el individuo libremente vende su servicio de forma remunerativa donde recibe un salario compensativo por su labor**

como *medio de pago* e incluso los soldados solían recibir su remuneración (pago) en sal. El salario, por lo tanto era el pago hecho con sal. Hoy entendemos al salario como el *sueldo*: el *dinero* que un individuo recibe por trabajo realizado.

Las características del salario están reguladas por la ley a través de los **contratos de trabajo** para ayudar a conducirnos socialmente con la finalidad de evitar abusos por parte de los empleadores y empleados. Existe la noción de un **salario mínimo**, esto es, una paga mínima por periodo (mes, día u hora) y lo fija la ley para todos los trabajadores. Esto quiere decir que, si el salario mínimo mensual en un país es de **2000.00 pesos**, ningún trabajador puede ganar menos de dicha suma por mes. De lo contrario, el empleador estará violando la legislación.

Entonces, **salario** procede del latín *solárium* y es la denominación que se otorga a la **remuneración periódica** devengada por una persona como contraprestación de un **trabajo** realizado.

La definición teórica del concepto de **trabajo** puede ser analizada desde perspectivas distintas. Una aproximación básica presenta a este vocablo como la **valoración del esfuerzo realizado por un ser humano**.

De esta manera, y aproximándonos a lo habitualmente entendido por todos los ciudadanos como trabajo, podemos determinar que dicho concepto se puede utilizar de dos maneras muy frecuentes. Por un lado, nos referimos a él como la acción que realiza una persona encargada de llevar a cabo una serie de tareas o actividades ya sea a nivel físico o bien intelectual y por otro lado, utilizamos este mismo término para hacer referencia a toda ocupación que tiene un hombre o una mujer fuera de su hogar por la cual recibe una asignación económica mensual. Podríamos utilizar el siguiente ejemplo: «Luisa tiene trabajo como camarera en un hotel del centro».

Si nos remontamos a la historia, haciendo un recuento sobre el tema, se podrá advertir que, antes predominaba la esclavitud, un trabajo forzoso realizado cuando un individuo ejerce sometimiento sobre otro y le impide tomar decisiones y desenvolverse con voluntad propia. A partir de mediados del siglo XIX, los niveles de esclavitud comenzaron a descender hasta que esta modalidad fue declarada como **ilegal**. Desde entonces, el ***trabajo asalariado o servicio remunerativo*** pasó a ser la forma de empleo más común.

Con esta concepción de la noción de trabajo entenderíamos que, cuando un individuo realiza una determinada ***actividad productiva*** se le recompensa con ***salario***, o sea, el precio otorgado dentro del ámbito laboral a la función que él lleva a cabo. La relación de trabajo entre quien ofrece empleo y el trabajador está condicionada y respaldada por diferentes *reglas y convenios contenidas en la ley.*

Otra forma de empleo que podemos encontrar es el *autoempleo,* (medio por el cual se ejercen profesiones, servicios, y comercio, entre muchas otras).

El concepto de «*empleo*» desde una perspectiva puede entenderse como la *acción y el efecto de generar trabajo y ofrecer puestos laborales.* Como sabrán, *emplear* es un verbo que hace referencia al hecho de *mantener ocupado a un individuo* —ya sea solicitándole un servicio o contratándolo para una determinada tarea remunerada (pagada).

El vocablo *empleo* entonces, se usa para mencionar una *ocupación* u *oficio.* En ese sentido se puede usar como sinónimo de trabajo. Ahora bien, el concepto de trabajo ha cambiado mucho desde la época feudal hasta la actual. Como ya se ha mencionado, en la época feudal el *trabajo* se trataba de una situación injusta asociada a la propiedad, donde el trabajador era un esclavo que se había convertido en propiedad de otro: su amo. El propietario podía utilizar al esclavo o venderlo de acuerdo a su voluntad y por supuesto, apropiarse del fruto de su trabajo sin remunerarlo de forma alguna.

Y como también ya mencionamos y a manera de resumen, al comenzar el **siglo XIX**, la esclavitud perdió fuerza en un marco signado por el avance del **sindicalismo** y de la democracia. En la actualidad, la forma de empleo más extendida a nivel mundial es el **empleo asalariado** (en relación de dependencia). El empleado o trabajador establece un **contrato** con su empleador fijando el valor por el cual venderá su servicio o su mano de obra y las condiciones para trabajar como empleado. El dinero que el individuo cobra por su trabajo se conoce como **salario** o **remuneración** y puede ser pagado en forma diaria (**jornal**), quincenal (**quincena**) o mensual (**sueldo**).

Entonces, en resumen, entendemos por servicio remunerativo aquello que hacemos como empleados a cambio de recompensa. En cambio, el servicio no remunerativo es lo que hacemos sin ninguna retribución monetaria (generalmente realizado con fines sociales o educativos).

Si nos guiamos por lo afirmado por Ayn Rand, filosofa estadounidense de origen ruso y una de las intelectuales más destacadas del siglo pasado, podemos afirmar que el capitalismo es el único sistema económico que podría ayudar al ser humano a desarrollarse siguiendo las exigencias de su naturaleza: **racional y libre**. La justificación moral del capitalismo residiría en que en este sistema el ser humano tiene el **derecho a la vida y a la propiedad**, considerado por Rand fundamental para desarrollarse como personas libres, y de faltar, no podrían ejercerse ninguno de los otros derechos.

La democracia y el capitalismo, a través de la libertad de empresa, le permite a cualquier individuo sin importar su estrato social tener acuerdos para vender o comprar productos o servicios. Es en un sistema como este donde la calidad de tu servicio determina la remuneración que obtendrás.

De esto precisamente es necesario hablar, de servir. **Servir** no como siervo esclavo o como empleado remunerado sino **servir** como un **engrane**.

Una nueva propuesta

«El pensamiento humano ha evolucionado a lo largo de la historia de la civilización, ya que una nueva manera de pensar es necesaria para el avance continuo.» (Gonzalo Echevarría Camargo)

«**D**adme un punto de apoyo y moveré al mundo.» Ésta célebre frase es de Arquímedes, notable matemático e inventor, que nació en Sicilia y se educó en Alejandría, Egipto. Como el rey Hierón II puso en duda dicha frase, Arquímedes pidió que se cargara un barco con pasajeros y abundante mercancía, de manera que harían falta muchos hombres para tirando de él, sacarlo del agua y dejarlo varado en el muelle. Arquímedes, sentado a cierta distancia en una silla tirando gradualmente y sin esfuerzo de los extremos de las cuerdas que pasaban por un sistema de poleas (ruedas) arrastró el barco en línea recta sacándolo del agua. Se cuenta que Hierón publicó al día siguiente un edicto por el que a partir de ese día, todo lo que dijera Arquímedes se considerara como cierto.

¿Qué es un engrane?

Se denomina **engrane** a una rueda dentada, es decir que tiene en su circunferencia dientes y, es utilizado para transmitir potencia de un componente a otro. Es decir, un engrane transmite movimiento mediante el contacto de ruedas dentadas. **De manera que uno de los engranes está conectado** a un eje que está conectado a su vez a la fuente de energía conocido como eje motor. Este eje motor pone en movimiento a un engrane y este activa a otros engranes que se ponen también en movimiento. Este engranaje tiene como función convertirse en un mecanismo para maximizar fuerza y producción.

---

este engranaje tiene como función convertirse en un mecanismo para maximizar fuerza y producción

---

Un engranaje entonces, es un mecanismo para sumar fuerza y transmitir movimiento fluido con un propósito en común. Para lograr esto, los engranes presentan esa superficie dentada destinada a engranar uno con otro, de modo que ese movimiento sea posible realizando una transmisión del desplazamiento exacta. Además de utilizarse en la transmisión de movimiento, se transmite potencia de un engrane a otro.

Cada engrane está unido, enlazado, ensamblado, incorporado, agrupado y acoplado de manera organizada para cumplir una función en común sumando fuerzas y transmitiendo movimiento.

Los engranes son elementos básicos e insustituibles para maximizar fuerza, flujo y dirección de los cuerpos. Reflexionemos, un engrane por sí mismo no maximiza su potencial. Un engrane impulsa a otro engrane y ese otro impulsa a otro cuyo propósito es llevar una fuerza canalizada a un uso eficiente.

Entonces, podemos ahora comprender que **el engrane es un mecanismo que impulsa, activa y aviva una fuerza** y por lo tanto acelera la materialización de un objetivo.

Bueno, hasta aquí se hizo un breve pero conciso comentario explicando la función mecánica del «engrane». En esta ingeniería estructural social propongo que

> **los engranes son elementos básicos e insustituibles para maximizar fuerza, flujo y dirección de los cuerpos**

percibamos el «**servir**» como un **engranaje** social. Si los engranes funcionan en conjunto organizados para un determinado fin, de la misma forma las personas nos relacionamos cuando tenemos una actividad en común. De hecho somos más sociales que individuales.

Los humanos para satisfacer nuestras necesidades y la sobrevivencia necesitamos vivir en interdependencia formando sociedades. Es sorprendente la cantidad de actividades que nos mantienen conectados unos con otro. Desde la vivienda, vestimenta, alimentación, comunicación, transporte, política, economía etc.

Se podría decir que los humanos somos fragmentos, piezas claves, componentes de una **sociedad** que ha ido evolucionando buscando un mejoramiento.

Entonces, somos fragmentos que formamos una **sociedad** para nuestro mejoramiento de vida. Sabemos que nuestras capacidades y nuestros recursos individuales están limitados. Por ejemplo, hay quienes no tiene el conocimiento de producir tela. Por lo tanto si viven aislados, se pueden morir de frio. Hay otros que no saben cultivar la tierra y tampoco tienen grandes extensiones de tierra donde puedan cultivar y procesar todo lo consumido por él y su familia. Otros no son carpinteros, doctores, albañiles, mecánicos, etc. Es más lo desconocido

> **se podría decir que los humanos somos fragmentos, piezas claves, componentes de una sociedad que ha ido evolucionando buscando un mejoramiento**

que lo conocido. Es más lo que no se sabe, qué lo sabido. Entonces por la incapacidad y necesidad de cada quien, y para nuestra sobrevivencia estamos obligados a vivir en

el concepto de sociedad implica que los individuos se engranen y compartan lazos ideológicos, económicos y políticos

sociedad, a ser parte de un **grupo de individuos** marcados por una forma de pensar en común. Eso crea cultura, un cierto folklore y ciertos criterios compartidos que condicionan nuestras costumbres y estilo de vida y relacionados entre sí en el marco de una **comunidad**.

La sociedad de carácter humano está constituida por **poblaciones** donde los habitantes se interrelacionan como engrane, aportando sus recursos, habilidades y conocimientos para mejorar su condición de vida en un contexto común que les otorga una **identidad** y sentido de pertenencia. El concepto de sociedad implica que los individuos se engranen y compartan lazos **ideológicos, económicos y políticos.** Nuestros antepasados pavimentaron el camino para vivir en sociedad. Pues es así como se ha logrado un nivel de desarrollo, logros tecnológicos y calidad de vida. Ahora nos corresponde a nosotros concientizar estos avances y no atrancarlos con nuestras actitudes o traumas por falta de conocimiento.

Los expertos en el análisis de las sociedades establecen como necesarias una serie de reglas para que los individuos puedan funcionar en sociedad. Estas reglas tienen una serie de funciones y pueden clasificarse en dos: por un lado estarían las generales aplicables a la sociedad en común y por otro lado las específicas que se aplican a los individuos. Respecto a las primeras, destacaría el hecho que son los instrumentos a través de los cuales se hacen posibles las relaciones humanas o que desarrollan y establecen una serie de normas de comportamiento comunes para todos sus miembros.

La sociedad existe desde que el hombre comenzó a poblar el planeta, aunque su forma de organización sufrió variaciones a lo largo de la historia. La sociedad del hombre prehistórico se encontraba organizada de modo **jerárquico** donde un jefe (el más fuerte) concentraba el poder. En la **Grecia antigua**, la tendencia absolutista del poder empezó a modificarse ya que los estratos inferiores de la sociedad pudieron llegar a ciertos sectores de importancia en la toma de decisiones a través de la democracia.

Más reciente, en **1789**, con la **Revolución Francesa**, la organización social cambió en forma radical. Desde entonces, cualquier persona puede subir a un **estrato superior** de la sociedad. Pues a través de un gobierno demócrata y de un sistema financiero capitalista que ha puesto los convenios necesarios para crear un sistema de libertad de empresa, los individuos se comprometen a realizar aportes a nuestra sociedad. Unen esfuerzos y recursos para desarrollar nuestra sociedad a través de una **actividad comercial** y se reparten entre sí las ganancias obtenidas.

Esta evolución o engrane social, que por voluntad y no por imposición, da oportunidad a cualquier individuo para formar o ser parte de una **unidad** que a través de la **cooperación** alcance mejores objetivos, pues uno como individuo, como fragmento, ¿qué tanto puede lograr? Sin embargo, gracias a la cooperación de muchos podemos disfrutar el auto que manejamos, la casa en que vivimos, calefacción y el aire acondicionado en nuestras viviendas etc. La pregunta sería, ¿cuántas personas aportan a nuestro funcionamiento? ¿Acaso tú cultivas tus alimentos? O ¿quizá fabricas tu tela? O ¿tal vez eres el fabricante de tu propio transporte? Claro que no. Todo tu funcionamiento está relacionado a la aportación de otros. Tú te beneficias de lo que otros hacen y de la misma forma de lo que tú haces, otros obtiene un beneficio.

Es impresionante el sistema social en el que vivimos. Los individuos a través de sus talentos, aptitudes, voluntades y recursos consiguen **todos somos individuos interactuando en forma de engrane social como parte de una totalidad** ensamblarse, acoplarse, encastrarse o vincularse con la intención de crear un engranaje para conseguir algo y establecer así actos de comercio en su beneficio, y su finalidad es el desarrollo individual y comunal.

Con esto en claro, se puede decir que cualquier empresa antes de ser empresa, primero es humana. Pues somos seres humanos enlazados, acoplados, ajustados, que componemos una serie de mecanismos para el progreso social a través del comercio.

Participar en esta sociedad como engrane nos convierte en una pieza clave para el funcionamiento de esta sociedad. Ahora bien, sin importar qué tipo de engrane representemos, todos tenemos un funcionamiento. El engrane motor pone en movimiento a otros engranes. Otro engrane activa a otros engranes para que se pongan en movimiento. Como se ha dicho, este engranaje tiene como función convertirse en un mecanismo para maximizar fuerza y producción. En otras palabras, no importa quien seas, todos tenemos un funcionamiento. Puedes ser tú el individuo con recursos económicos y decidir emprender una idea para poner en movimiento a otros individuos, y así maximizar y acelerar los resultados. Al final todos somos individuos interactuando en forma de engrane social como parte de una totalidad.

Capítulo 6

Servir con la actitud de un engrane

Todos tenemos a alguien cuyo trabajo es importante
para que nosotros podamos salir adelante

Cuenta la historia de Charles Plumb. Era un piloto de un bombardero en la guerra de Vietnam. Después de muchas misiones de combate, su avión fue derribado por un misil. Plumb se lanzó en paracaídas, fue capturado y pasó seis años en una prisión norvietnamita. A su regreso a Estados Unidos, daba conferencias relatando su odisea, y lo que aprendió en la prisión.

Un día estaba en un restaurante y un hombre lo saludó:

—Hola, usted es Charles Plumb, era piloto en Vietnam y lo derribaron verdad?

—Y usted, ¿cómo sabe eso? —le preguntó Plumb.

—Porque yo empacaba su paracaídas. Parece que le funcionó bien, ¿verdad?

Plumb casi se ahogó de sorpresa y con mucha gratitud le respondió,

—Claro que funcionó, si no hubiera funcionado, hoy yo no estaría aquí.

Estando solo Plumb no pudo dormir esa noche, meditando se preguntaba «¿Cuántas veces vi en el portaviones a ese hombre y nunca le dije buenos días, yo era un arrogante piloto y él era un humilde marinero?»

la interdependencia es una realidad que determina nuestras vidas

Pensó también en las horas que ese marinero pasó en las entrañas del barco enrollando los hilos de seda de cada paracaídas, teniendo en sus manos la vida de alguien que no conocía. Ahora, Plumb comienza sus conferencias preguntándole a su audiencia:

«¿Quién empacó hoy tu paracaídas?»

«Todos tenemos a alguien cuyo trabajo es importante para que nosotros podamos salir adelante. Uno necesita muchos paracaídas durante el día. Los desafíos de la vida cotidiana nos hace perder de vista a las personas que nos mejoran sin que se los pidamos. Hoy, esta semana, este año, cada día, trata de darte cuenta quién empaca tu paracaídas. Las personas a tu alrededor notarán ese gesto, y te lo devolverán empacando tu paracaídas con ese mismo afecto. Todos necesitamos de todos». (Aaron Lara).

Ahora bien, es importante que te consideres como un engrane, como una pieza fundamental parte del funcionamiento de nuestra sociedad. El ser humano es un ser interdependiente. Es decir, tú necesitas de otros y otros necesitan de ti para la sobrevivencia y el mejoramiento.

La interdependencia es una realidad que determina nuestras vidas. Todos dependemos de otras personas para sobrevivir y desarrollarnos; nuestro día a día depende de los demás. Tomemos como ejemplo la carne que consumimos. Gracias al carnicero podemos disfrutar de carne sin nosotros tener que matar la res. Ahora, el carnicero compró la res del granjero. Este por su parte, necesitaba pagar por pastura al agricultor. El agricultor necesitaba mano de obra para cultivar el pasto, y finalmente, el obrero al recibir su salario fue a la carnicería a comprar carne. Así como a nivel individual nos necesitamos unos a otros también las naciones se necesitan unas a otras. Japón tiene el «know how» (el saber cómo) de cómo fabricar carros. Sin embargo no tiene los recursos naturales para llevar a cabo sus conocimientos. Por lo tanto está obligado a entrar a una interdependencia global para obtener los recursos naturales que necesita para la fabricación de autos y a si los países se benefician al poder adquirir un medio de transporte moderno.

Es importante adquirir este conocimiento y lograr desarrollar habilidades de comportamiento conscientes y responsables. Por lo tanto, la comprensión de ser interdependientes nos permite aceptar que somos una parte de **una totalidad.**

---

toma conciencia de que lo que haces es un componente de un ciclo total

---

Comprender que lo que tú haces como asalariado o como empresario es parte de un todo, nos conlleva a concientizar qué función de ese todo componemos. Si nuestra actitud ante nuestro quehacer es semejante a la actitud del siervo esclavo, entonces las cosas las hacemos con poco valor. Si las cosas que hacemos las ejecutamos por el solo hecho de recibir una paga, un salario, por el servicio sin ver la contribución que hacemos, entonces nos sentimos usados y no valorados.

Toma conciencia de que lo que haces es un componente de un ciclo total. Por lo tanto, tener la actitud de servir como engrane te permitirá ver tu quehacer más allá de una simple labor.

En una ocasión tres albañiles estaban desempeñando la misma tarea. De repente un individuo transeúnte se acercó a ellos. El caminante le preguntó al primero:

—¿Que está usted haciendo?

A lo que el albañil con un gesto molesto, consecuencia de una pregunta que este percibió como tonta y de respuesta obvia respondió:

—Pego ladrillos.

El caminante repitió la misma pregunta al segundo albañil. La respuesta no se hizo esperar.

—Yo levanto una pared.

El caminante volvió hacer la misma pregunta al tercer albañil también respondió al particular interrogatorio y con una amplia respuesta y una amplia sonrisa de orgullo y dijo:

—Yo construyo un lugar donde vendrán los miembros de la comunidad a curarse de enfermedades. Un lugar donde la gente con cáncer vendrá a curarse. Un lugar donde muchas madres darán a luz. Un lugar donde la ambulancia vendrá con los heridos. Un lugar que producirá muchos empleos. Estoy construyendo un hospital.

percíbete como un engrane que impulsa una tarea

Ante lo que hagas, no te limites a verte solo como un asalariado. Ni mucho menos te veas como un sometido. El mundo ha cambiado. Percíbete como un **engrane** que impulsa una tarea. Percíbete como un individuo que coopera interactivamente complementando tareas específicas. El individuo que se percibe como engrane adapta las siguientes **actitudes** y lo conducen a accionar:

Engrana con actitud modesta.

La gente presuntuosa siempre busca tener una excusa para tratar de sobresalir de los demás aunque no tenga verdaderos méritos. Recuerda que los ríos mas profundos son los mas silenciosos. Es mejor que te edifique el extraño y no tu boca. El orgullo nos hace ostentar logros que aun no hemos logrado. La gente presumida miente sobre si misma porque busca que la gente los admire y comienzan a mentir para crear una imagen que luego tratan de vender a los demás. Por el contrario una persona modesta es aquella que es segura de si misma y conoce su función sin tener necesidad de fingir quien es y lo que quiere alcanzar.

Erase una vez una nube que vivía sobre un país muy bello. Un día, vio pasar otra nube mucho más grande y sintió tanta envidia, que decidió que para ser más grande nunca más daría su agua a nadie, y nunca más llovería. Efectivamente, la nube fue creciendo, al tiempo que su país se secaba. Primero se secaron los ríos, luego a la falta de agua las personas emigraron, después los animales, y finalmente las plantas y arboles se secaron, hasta que aquel país se convirtió en un desierto. A la nube no le importó mucho, pero no se dio cuenta de que al estar sobre un desierto, ya no había ningún sitio de donde sacar agua para seguir creciendo, y lentamente, la nube empezó a perder tamaño, sin poder hacer nada para evitarlo. La nube comprendió entonces su error y su función en el medio ambiente y que su avaricia y egoísmo serían la causa de su desaparición, pero justo antes de evaporarse, cuando sólo quedaba de ella un suspiro de algodón, apareció una suave brisa. La nube era tan pequeña y pesaba tan poco, que el viento se compadeció de ella que la llevó consigo a un país lejano, precioso, donde volvió a recuperar su tamaño. Y aprendida la lección, procuró ser una nube modesta, pero dejaba lluvias tan generosas que aquel país se convirtió en el más verde, más bonito y con el más hermoso arco iris del mundo.

las palabras borran la distancia entre las personas

En el mundo de hoy todos parecemos estar participando en una competencia para ser el más rico, el más inteligente, el más guapo, el más exitoso…etc. El orgullo hace que muchas personas, se crean superiores a los demás y cometen una serie de equivocaciones como creer que todo lo pueden, imponer sus decisiones y desprestigiar a otras personas. Es un mal que puede ocurrir en la casa, con la familia, en la empresa y en el trabajo..

Por otra parte, frena el crecimiento personal cuando creemos que lo sabemos y lo podemos todo, dejamos de esforzarnos para alcanzar nuevos logros. El remedio a esos peligros es la modestia que consiste en reconocer que no somos "los únicos y ni los mejores del mundo", y reconocer las virtudes de los otros. En ese intercambio a veces nosotros somos el ejemplo a seguir y a veces lo son ellos. Sumando nuestras virtudes, podemos corregir juntos nuestros defectos. "Uno de los grandes desafíos de crecer es conservar la humildad."

Engrana con actitud de integrar

Las palabras borran la distancia entre las personas. Una **actitud integradora** es la que tiene una persona que busca no sólo su propio beneficio sino también el de quienes lo rodean. Se basa en una estrecha comunicación entre dos o más personas cuyo objetivo es el mismo, la unificación.

Cuentan que hace mucho tiempo los colores empezaron a pelearse. Cada uno proclamaba que él era el más importante, el más útil, el favorito.

El verde dijo: «Sin duda, yo soy el más importante. Soy el signo de la vida y la esperanza. Me han escogido para la hierba, los árboles, las hojas. Sin mí todos los animales morirían. Miren a su alrededor y verán que estoy en la mayoría de las cosas».

El azul interrumpió: «Tú sólo piensas en la tierra, pero considera el cielo y el mar. El agua es la base de la Vida y son las nubes las que la absorben del mar azul. El cielo da espacio, y paz y serenidad. Sin mi paz no serían más que aficionados».

El amarillo soltó una risita: «¡Ustedes son tan serios! Yo traigo al mundo risas, alegría y calor. El sol es amarillo, la luna es amarilla, las estrellas son amarillas. Cada vez que miran a un girasol, el mundo entero comienza a sonreír. Sin mí no habría alegría».

A continuación tomó la palabra el naranja: «Yo soy el color de la salud y de la fuerza. Puedo ser poco frecuente pero soy precioso para las necesidades internas de la vida humana. Yo transporto las vitaminas más importantes. Piensen en las zanahorias, las calabazas, las naranjas, los mangos y papayas. No estoy, todo el tiempo dando vueltas, pero cuando coloreo el cielo en el amanecer o en el crepúsculo mi belleza es tan impresionante que nadie piensa en ustedes».

El rojo no podía contenerse por más tiempo y saltó: «Yo soy el color del valor y del peligro. Estoy dispuesto a luchar por una causa. Traigo fuego a la sangre. Sin mí la tierra estaría vacía como la luna. Soy el color de la pasión y del amor; de la rosa roja, la flor de pascua y la amapola».

El púrpura enrojeció con toda su fuerza. Era muy alto y habló con gran pompa: «Soy el color de la realiza y del poder. Reyes, jefes de Estado, obispos, me han escogido siempre, porque el signo de la autoridad y de la sabiduría. La gente no me cuestiona; me escucha y me obedece».

El añil habló mucho más tranquilamente que los otros, pero con igual determinación: «Piensen en mí. Soy el color del silencio. Raramente se acuerdan de mí, pero sin mí todos serían superficiales. Represento el pensamiento y la reflexión, el crepúsculo y las aguas profundas. Me necesitan para el equilibrio y el contraste, la oración y la paz interior.»

Así fue cómo los colores estuvieron presumiendo, cada uno convencido de que él era el mejor. Su querella se hizo más y más ruidosa. De repente, apareció un resplandor de luz blanca y brillante. Había relámpagos que retumbaban con estrépito. La lluvia empezó a caer a cántaros, implacablemente. Los colores comenzaron a acurrucarse con miedo, acercándose unos a otros buscando protección.

La lluvia habló: «Están locos, colores, luchando contra ustedes mismos, intentando cada uno dominar al resto. ¿No saben que Dios los ha hecho a todos? Cada uno para un objetivo especial, único, diferente. Él los amó a todos. Junten sus manos y vengan conmigo. Dios quiere extenderlos a través del mundo en un gran arco de color, como recuerdo de que los ama a todos, de que es posible vivir juntos en paz, como promesa de que está con ustedes, como señal de esperanza para el mañana.»

Y así fue como Dios usó la lluvia para lavar el mundo. Y puso el arco iris en el cielo para que, cuando lo veamos nos acordemos de que tenemos que tomarnos en cuenta unos a otros.

Engrana con actitud de responsabilidad

Al sentirse como engrane, va a ser **responsable**. La **responsabilidad** es un **valor** que está en la conciencia de la persona, que le permite reflexionar, administrar, orientar y valorar las consecuencias de sus actos, siempre en el plano de lo moral.

Una vez pasando al plano ético (puesta en práctica), se establece la magnitud de dichas acciones y cómo afrontarlas de manera más positiva e integral.

La persona responsable es aquella que actúa **conscientemente** siendo él la causa directa o indirecta de un hecho ocurrido. Está obligada a responder por sus acciones. También es quien cumple con sus obligaciones, pone cuidado y atención en lo que hace o decide y comparte un conjunto común de **principios** con otros.

Engrana con actitud de integridad

Ser integro a ti mismo es el único modo de llegar a ser integro a los demás. Una **persona íntegra** es aquella que siempre hace lo correcto. El

> ser integro a ti mismo es el único modo de llegar a ser integro a los demás

hacer lo correcto significa, «hacer todo aquello que consideramos bien para otros y para nosotros sin afectar las demás personas».

Una zorra que estaba siendo perseguida por unos cazadores se encontró con un leñador a quien le suplicó que la escondiera. El hombre le aconsejó que se metiera a su cabaña. Casi de inmediato llegaron los cazadores, y le preguntaron al leñador si había visto a la zorra. El hombre, con la voz les dijo que no, pero con su mano disimuladamente señalaba la cabaña donde la zorra se había escondido. Los cazadores no comprendieron las señas de la mano y se confiaron únicamente en lo dicho con la palabra. La zorra al verlos marcharse, salió sin decir nada. El leñador reprochó a la zorra por que no le daba las gracias a pesar de haberla salvado a lo que la zorra respondió: Te hubiera dado las gracias si tus manos y tu boca hubieran dicho lo mismo. Eres desleal contigo y con tu prójimo cuando niegas con tus actos lo que pregonas con tus palabras.

La palabra *integridad* implica, pureza original y sin contaminación con un mal o un daño (físico o moral). Integridad se traduce como honrado, honesto, respeto por los demás, directo, apropiado, responsable. Una persona íntegra es alguien que tiene control emocional y respeto por sí mismo y por los demás. Es congruente y firme en sus acciones. En general es alguien en quien se puede confiar. Integridad es tomar el camino de la verdad, es hacer lo correcto, por las razones correctas, del modo correcto.

Los griegos eran expertos en hacer figuras en mármol. Muchas veces al estar trabajando el mármol descubrían grietas en él, la cual, naturalmente, le quitaba valor a la obra. Algunos, entonces cubrían esas grietas con una cera especial. La pulían y quedaba aparentemente perfecta, pero cuando la figura era expuesta al calor

la palabra integridad implica, pureza original y sin contaminación con un mal o un daño

del sol la cera se derretía y se descubría el engaño. Por eso, era común encontrar donde vendían esas piezas de mármol un letrero que decía: «Se vende figuras en mármol entero, sin cera». De ahí viene nuestra palabra en español, *sincera/o*.

Eso es lo que significa integridad, «sin grietas». Esto se relaciona a la obligación de no ser objeto de quebrantamiento. De ahí que la integridad de un individuo al servir como engrane pueda determinarse por la cualidad que tiene alguien para no poder ser corrompido.

> **«Se vende figuras en mármol entero, sin cera.» De ahí viene nuestra palabra en español, sincera/o**

Ser un engrane integro es evitar situaciones de riesgo que puedan convertirte en una persona vulnerable. Es decir, cuando el calor te llegue, que no se muestren tus grietas o mejor dicho, cuando los retos o las tentaciones te lleguen seas capaz de controlarte. Tu capacidad de atenencia determina tu nivel de integridad.

Integridad desde el punto de vista ético, sería la manera de enlazarse coherentemente con los valores personales y sociales con la comunidad a la que pertenecemos, pues somos un fragmento de una totalidad.

Desde un nivel social, la integridad es el valor que nos damos por nuestra capacidad de hacer y cumplir compromisos, hacer lo que decimos, pues la disciplina proviene de nuestro interior. **La integridad es una función**

de nuestra voluntad independiente, nosotros somos unos discípulos, unos seguidores de nuestros arraigados y propios valores. En nuestro interior está la fuente de lo que bebemos. Así mismo en nuestro interior están los valores, nuestros sentimientos, impulsos y estado de ánimo.

La Integridad es el comportamiento del ser humano para hacer lo que debe hacer de acuerdo a lo correcto. La palabra «integridad» implica rectitud, bondad, honradez, intocabilidad; alguien en quien se puede confiar; sin mezcla extraña; lo que dice significa justo lo que dijo y cuando hace una promesa tiene la convicción de cumplirla.

Engrana con actitud de coordinar

El concepto de **coordinación**, se utiliza para presentar **la disposición metódica de un individuo o su esfuerzo para llevar a cabo una acción en común con otros individuos**.

El individuo debe de estar en buen estado físico para que su esfuerzo con base al trabajo conjunto pueda ser eficaz. La efectividad del engrane coordinador gira en torno a la capacidad de los músculos para sincronizarse. Cuando se requiere un movimiento, el conjunto muscular debe alcanzar una cierta intensidad y velocidad para completar dicha acción. De forma previa se requiere un proceso de aprendizaje y una **automatización** los cuales se regulan a nivel del cerebro y vestíbulo del sistema nervioso central y ayudado por la percepción visual.

En este sentido, podemos establecer claramente tres tipos diferenciados de coordinación en el ámbito anatómico. Así, por un lado, está la coordinación motriz, aquella que se caracteriza por ser la capacidad que permite a cualquier persona no sólo de manejar objetos o moverse sino también desplazarse o poder ser parte de un equipo.

En segundo lugar, habría que hablar de la coordinación óculo-pédica, cuando nuestros pies se convierten en los instrumentos necesarios para llevar a cabo acciones tales como librar diversos obstáculos, realizar desplazamientos o conducir un balón.

Y en tercer lugar, se encuentra la coordinación llamada viso-motora, necesario para que todo el cuerpo pueda realizar diferentes movimientos complejos. Así mismo es vital que se produzca una percepción visual del espacio, tanto del que está ocupado como del libre, para ubicar donde se encuentra la persona y donde va a realizar la acción.

El propósito del engrane coordinado es de impulsar el trabajo en conjunto hacia un único fin.

En el **ámbito empresarial** se destaca la importancia de tener coordinación, ya que así se logran integrar y enlazar distintos sectores con el objetivo de llevar a cabo múltiples tareas compartidas.

Tan es así que incluso en la actualidad existen páginas del web donde se fomenta la coordinación empresarial y se da a conocer las acciones que en esta materia se están realizando y más concretamente en aspectos como el de la prevención de riesgos laborales.

Ser un engrane coordinado implica relacionarse sistemáticamente con individuos para ejercer una función con esfuerzos sincronizados.

Engrana con actitud de perseverar

¡Si te caes siete veces levántate ocho! (Proverbio chino)

Caer está permitido. ¡Levantarse es obligatorio! (Proverbio ruso)

¡Es duro caer, pero es peor no haber intentado nunca subirse! (Theodore Roosevelt, presidente estadounidense 1858-1919)

¡Si se siembra la semilla con fe y se cuida con perseverancia, sólo será cuestión de tiempo recoger sus frutos! (Thomas Carlyle, historiador, pensador y ensayista inglés 1795-1881)

¡La perseverancia es la virtud por la cual todas las otras virtudes dan su fruto! (Arturo Graf, escritor y poeta italiano 1848-1913)

> **la perseverancia es la virtud por la cual todas las otras virtudes dan su fruto**

¡Nuestra mayor gloria no está en no haber caído nunca, sino en habernos levantado cada vez que nos caímos! (Oliver Gold Smith, escritor británico 1728-1774)

Este tipo de engrane no renuncia, no tira la toalla o simplemente no tiene imposibles. La perseverancia es una cualidad natural que se manifiesta cuando más la necesitas. Te mantiene de pie ante cualquier circunstancia.

La perseverancia te hace contemplar el obstáculo desde donde estés, después, tomar el primer punto de apoyo que puedas para luego impulsarte a ti mismo hasta quedar de pie. Temblando y sudando, pero resueltamente erguido, murmuras: «¡Sí, se puede!» Impresionado por tu voluntad de acero, aceptas la meta. Con sudor, con lágrimas y con orgullo cumples tu palabra. Es entonces cuando ves que la perseverancia materializa tu deseo.

Es muy impresionante ver una voluntad decidida a lograr la meta, que además, confía en hacer lo que se debe hacer. Si una cosa es imposible se aclarará por sí misma. Entonces todo estará en las manos de Dios, no en las nuestras. «Porque no hay nada imposible para Dios.» El engrane perseverante es

con sudor, con lágrimas y con orgullo cumples tu palabra

duradero, resistente, permanente, tiene endurecimiento, es infatigable y tenaz.

La **perseverancia** es la **acción y efecto de perseverar**. Este verbo hace referencia a **mantenerse constante** en un proyecto ya comenzado. Perseverar es tener una actitud positiva aun cuando las circunstancias sean adversas o los objetivos no puedan ser cumplidos al momento.

Como es sabido, la perseverancia es la clave del éxito en la mayoría de los emprendimientos y puede aplicarse a campos tan diversos como el trabajo físico o mental. En todos los casos, se debe tener **un objetivo claro**, una meta que justifique el esfuerzo y la dedicación en un período de tiempo generalmente extenso.

A lo largo del camino hacia el cumplimiento de dicho objetivo, la frustración es uno de los peores enemigos de todo emprendedor. Para evitar auto-convencerse de que no vale la pena

> **es esencial estar preparado para los intentos fallidos, que son tan naturales como los triunfos**

continuar luchando, es esencial estar preparado para los intentos fallidos, que son tan naturales como los triunfos.

Justamente en saber **aceptar los propios fracasos como parte integral de la vida y el secreto de la victoria, reside el convertirlos en recursos.**

Tomando como ejemplo el estudio de un idioma extranjero, se suele creer que quienes comienzan de pequeños aprenden mejor que los adultos y tienen un menor índice de deserción. La explicación más común para dicho fenómeno gira en torno a la edad, alegando que cuanto más joven es una persona, más predispuesta se encuentra a incorporar una nueva estructura lingüística.

Sin embargo, adoptando una visión más constructiva, podemos asumir que quienes se embarcan en un estudio en edad adulta suelen cometer un error que los niños no. Este elemento contraproducente es el *miedo* y se origina en un constante análisis de las probabilidades de fracaso, de la falta de tiempo o lucidez, en pensar si vale la pena invertir tiempo y dinero en una actividad que, quizás sea demasiado para nosotros. Los niños en cambio, suelen encarar el aprendizaje de una manera más pasiva; no necesitan buscar el conocimiento ya que éste llega a ellos.

> **la perseverancia se necesita justo en los peores momentos, justo cuando todo parece desmoronarse frente a nuestros ojos**

La perseverancia se necesita justo en los peores momentos, justo cuando todo parece desmoronarse frente a nuestros ojos. Su recompensa, por otro lado, es directamente proporcional a la angustia y desolación que sentimos antes de adoptarla como actitud para nuestras batallas.

En las relaciones interpersonales, los roces y desencantamiento son dos elementos inevitables. Los años de convivencia sacan a la luz diversas características negativas de las personas que no se evidencian mientras existe una cierta distancia. Muchas veces, ante el descubrimiento de los defectos ajenos, el interés por formar parte de una pareja o de un grupo de amigos decrece. Cuando llega este punto crucial de un lazo afectivo se presentan tres caminos bien diferenciados: el término de la relación, la

> **no existe relación posible entre dos personas en la cual no haya conflictos, tampoco existe relación que no requiera de la perseverancia para desarrollarse sanamente**

negación del problema, que acarrea malestar y frustración y finalmente la perseverancia.

Dado que no existe relación posible entre dos personas en la cual no haya conflictos, tampoco existe relación que no requiera de la perseverancia para desarrollarse sanamente. Acercarnos a otros seres vivos y a nosotros mismos representa uno de los mayores desafíos de la humanidad, así como una de las experiencias más enriquecedoras que podemos vivir en esta tierra y como todas las grandes oportunidades, exige un gran esfuerzo de nuestra parte.

Es esencial tener en claro que no se puede alcanzar el éxito si se transita indefinidamente por un camino que nos haya conducido al fracaso. En otras palabras, perseverar no consiste en intentar lo mismo una y otra vez, sino en mejorar los métodos, en probar cosas diferentes, sin miedo a comenzar nuevamente.

> **la puntualidad no es problema del reloj, sino de educación y respeto**

Por último, es de popular conocimiento la frase, «persevera y triunfarás», supuestamente pronunciado por el filósofo romano llamado Lucio Anneo Séneca, que nació en el año 4 B.C.

Engrana con actitud de puntualidad

En una parroquia del pueblo de Armatlan, al Padre Pascual le estaban haciendo su cena de despedida por 25 años de trabajo pastoral ininterrumpidos. Un político de la localidad y miembro de la comunidad fue invitado para la presentación del regalo y un breve discurso.

El político se tardó en llegar, por lo que el sacerdote, para llenar el tiempo decidió dar unas palabras él mismo quien dijo:

— Mi primera impresión de la parroquia la tuve con la primera confesión que me tocó escuchar en este pueblo.

Pensé que me había enviado el Obispo a un lugar terrible, ya que la primera persona que se confesó me dijo que se había robado un televisor, había robado dinero a sus papás, había robado también de la empresa donde trabajaba y también en ocasiones se dedicaba al tráfico y venta de drogas. Y para finalizar, confesó serle infiel a su esposa. Me quedé asombrado, estupefacto, asustadísimo... Pero conforme fueron transcurriendo los días fui conociendo a más gente que no era para nada semejante a este hombre. Es más, viví la realidad de una parroquia llena de gente responsable, con valores, comprometida con su fe y así he vivido los 25 años más maravillosos de mi sacerdocio.

Justamente en ese momento llegó el político, y se le dio la palabra para la presentación del regalo de la comunidad. Por supuesto antes, ofreció disculpas por llegar tarde y empezó a hablar diciendo:

—Nunca se me va a olvidar el primer día que llegó el Padre a nuestra parroquia. De hecho, tuve el honor de ser el primero en confesarse con él.

Nunca llegues tarde. La puntualidad es el arte de no hacerle a perder el tiempo a los demás. La puntualidad no es problema del reloj, sino de educación y respeto.

La puntualidad es un diente del engrane fundamental para su trabajo. El valor de la puntualidad radica en la **disciplina de estar a tiempo para cumplir nuestras obligaciones**: una cita del trabajo, reunión de amigos, compromiso de la oficina, trabajo pendiente por entregar etc. etc.

El valor de la puntualidad es necesario para **dotar a nuestra personalidad de carácter, orden y eficacia**, pues al vivir este valor en plenitud estamos en condiciones de realizar más actividades, desempeñar mejor nuestro trabajo, y ser merecedores de confianza.

La falta de puntualidad habla por sí misma, y se deduce con facilidad la **escasa o nula organización de nuestro tiempo**, planeación en nuestras actividades y por supuesto de una agenda, pero, ¿qué hay detrás de todo esto?

En este mismo sentido podríamos añadir la importancia que tiene para nosotros un evento, si tenemos una entrevista para solicitar empleo, una reunión para cerrar un negocio o la cita con el director del centro de estudios, hacemos hasta lo imposible para estar a tiempo, pero si es el amigo de siempre, la reunión donde estarán personas que no frecuentamos, conocemos poco o la persona, según nosotros, representa poca importancia, hacemos lo posible por no estar a tiempo, ¿qué más da?

Para ser puntual, primeramente debemos ser conscientes que toda persona, evento, reunión, actividad o cita tiene un grado particular de importancia. Nuestra **palabra** debería ser el **sinónimo de garantía** para contar con nuestra presencia en el momento preciso y necesario.

Otro factor que obstaculiza la vivencia de este valor es el descuido. Cuando observamos a una persona impuntual estamos observando a una persona descuidada. Posiblemente si vamos a su casa encontraremos una casa desordenada y todo lo dejan para después. El problema de la impuntualidad es una condición del corazón, se origina en nuestro interior.

Pensemos como se da la impuntualidad. Por lo regular sabemos a qué hora debemos llegar y sin embargo nos dejamos llevar por la imaginación y nos recreamos en el consciente. De repente pasa el tiempo y ya es tarde para remediar el descuido. Eso es negligencia, señoras y

> **el problema de la impuntualidad es una condición del corazón, se origina en nuestro interior**

señores. Un aspecto importante de la puntualidad es, **concentrarse en la actividad que estamos por realizar**, procurando mantener nuestra atención para no divagar y aprovechar mejor el tiempo.

Para corregir esto es de gran utilidad **reprogramar la neurona, aceptando el factor importante que juega este elemento en nuestras vidas**.

Lo más grave de todo esto es que hay personas que sienten «distinguirse» por su impuntualidad. **Llegar tarde es una forma de llamar atención** o evidencia de falta de seguridad y carácter. Por otra parte algunos dicen: «Si quieren, que me esperen…», «Para qué llegar a tiempo si...», «No pasa nada...», «Es lo mismo siempre…». Estas y otras actitudes son el reflejo del poco respeto y falta de aprecio que sentimos por las personas, su tiempo y actividades.

Para la persona impuntual, **los pretextos y justificaciones están agotados,** nadie cree en ellos y no son sujetos de toda credibilidad por su falta de responsabilidad, constancia y sinceridad. En otras palabras, un engrane impuntual es un engrane defectuoso que necesita ser reparado o reemplazado pues atranca el avance del ensamble social.

Podemos pensar que el hacerse de una agenda y solicitar ayuda basta para corregir nuestra situación y por supuesto nos facilita un poco la vida, pero además de reconocer las causas que provocan nuestra impuntualidad (los ya mencionados: interés, importancia, distracción), **se necesita voluntad para ser puntual**, lo cual supone un esfuerzo extra, «sacrificio» si se quiere llamarlo de otra manera.

La cuestión no es decir, «Quiero ser puntual desde mañana», lo cual sería retrasar una vez más algo. Tiene que ser hoy, en este momento y poniendo los medios que hagan falta para lograrlo: agenda, recordatorios, alarmas...etc.

Para crecer y hacer más firme este valor en tu vida, puedes iniciar con estas sugerencias:

- Examínate y descubre las causas de tu impuntualidad: **pereza, desorden, irresponsabilidad, olvido, arrogancia,** etc.

- Establece un medio adecuado para **solucionar la causa principal de tu problema** (recordando que se necesita voluntad y sacrificio); **reducir distracciones y descansos a lo largo del día; levantarse más temprano** para terminar tu arreglo personal con oportunidad; **colocar el despertador más lejos.**

- Aunque sea algo tedioso, elabora por escrito tu **horario** y **plan de actividades** del día siguiente. Si tienes muchas cosas que atender y te sirve poco, hazlo para los siguientes siete días. En lo sucesivo será más fácil incluir otros eventos y podrás calcular mejor tus posibilidades de cumplir con todo. Recuerda que con **voluntad** y **sacrificio**, lograrás ser puntual.

La puntualidad te añade respeto y valor, y contribuye al funcionamiento de cualquier tarea. La puntualidad es de esas cualidades que forman tu honorabilidad.

Engrana con actitud de respeto

En un bosque un señor tenía un viejo perro cazador que en sus días de juventud y fortaleza jamás se rindió ante ningún animal foreste. El viejo perro cazador en sus ancianos días encontró un jabalí en una cacería y lo agarró por la oreja, pero no pudo retenerlo por la debilidad de su cuerpo y de sus dientes, de modo que el jabalí se escapó.

Su amo, llegando rápidamente, se mostró muy disgustado y groseramente reprendió al perro.

El perro lo miró lastimosamente y le dijo:

— Mi amo, mi espíritu está tan bueno como siempre, pero no puedo reconstruir mi vejez ni mucho menos mis fuerzas. Yo prefiero que me alabes por lo que he sido y no que me maltrates por lo que ahora soy.

El **respeto** es la consideración que se tiene a algo o a alguien. El respeto es un valor por sí. El término se refiere a cuestiones morales y éticas.

El respeto en las relaciones interpersonales comienza en el individuo, en el reconocimiento del mismo como entidad única que necesita que se comprenda al otro. Consiste en saber valorar los intereses y necesidades de otro individuo.

El respeto es un valor que permite al hombre poder reconocer, aceptar, apreciar y valorar las cualidades del prójimo y sus derechos. Es decir, **la puntualidad es de esas cualidades que forman tu honorabilidad** el respeto es el reconocimiento del valor propio y de los derechos de los individuos y de la sociedad.

El respeto no sólo se manifiesta hacia la actuación de las personas o hacia las leyes. También se expresa hacia la

autoridad, como sucede con los alumnos y sus maestros o los hijos y sus padres.

El respeto permite que la **sociedad viva en paz**, en una sana convivencia con base en normas e instituciones. Implica reconocer en sí y en los demás, los derechos y las obligaciones, por eso suele sintetizarse en la frase, «No hagas a los demás lo que no quieres que te hagan a ti».

Por el contrario, la **falta de respeto** genera violencia y enfrentamientos. Cuando dicha falta corresponde a la violación de una norma contenida en la ley, incluso es castigada a nivel formal. Este castigo puede ser una multa económica o hasta el encarcelamiento.

Muchas y de diversa gravedad son las faltas de respeto que existen en el marco de nuestra sociedad actual. Por ejemplo, están las que se cometen en el seno del ámbito laboral como cuando el jefe no trata a sus trabajadores como seres humanos sino como esclavos. No obstante, también tienen lugar dentro de la familia cuando los hijos les gritan a sus padres.

La mala educación, la falta de tolerancia con respecto a las ideas o formas de vida del prójimo, ausencia de valores, soberbia y egocentrismo son algunos de los elementos que más frecuentemente originan esas faltas de respeto, las cuales son cada vez más frecuentes en ámbitos como la educación, donde ha aumentado el número de alumnos que se enfrentan e insultan a sus profesores.

Winston era hijo de una rica familia poseedora de extensas tierras en la Inglaterra del siglo XIX. Durante sus vacaciones visitaba la casa de campo de la familia y acostumbraba nadar en el lago.

Un sábado, siguiendo esa costumbre, comenzó a nadar pero en esa ocasión se alejó más de lo prudente hasta llegar a una zona de mayor profundidad. Sin sentirlo, perdió el control de sus movimientos, se sumergió y empezó a ahogarse.

Casualmente pasaba por allí Alexander, un campesino de la misma edad de él que había llevado a pastar un rebaño de ovejas. Al ver que alguien se estaba ahogando, se lanzó de inmediato al lago, nadó hasta donde se hallaba Winston y lo rescató.

Dos semanas después un elegante carruaje subió por la montaña. Winston y sus padres bajaron de él y llamaron a la puerta. Una vez que Alexander y sus padres los invitaron a pasar explicaron el motivo de su visita.

—Hace una semana Alexander salvó a Winston de morir ahogado. Estamos muy agradecidos con él y nos gustaría darle una recompensa".

—Disculpen, señores, pero lo hice sólo por ayudar — intervino Alexander.

—Y precisamente por eso queremos corresponder. En este momento les ofrecemos pagar los estudios de su hijo hasta que concluya una carrera profesional.

Los padres de Alexander aceptaron emocionados, pues carecían de dinero para que el muchacho tuviera una profesión y pensaban que toda su vida sería pastor. Consciente de la gran oportunidad que se le abría Alexander se desvelaba estudiando y era el mejor alumno de su clase. A los 22 años obtuvo su título como doctor y se dedicó a investigar nuevos medicamentos. Uno de sus mayores éxitos fue el hallazgo de una sustancia para curar infecciones respiratorias.

Mientras tanto, Winston destacaba como militar y periodista. Al regresar de uno de sus numerosos viajes cayó enfermo de pulmonía y los médicos dieron pocas esperanzas de curación. Alexander lo supo y se presentó al hospital para ofrecer tratarlo con su nueva sustancia. Los especialistas aceptaron incrédulos pero, para su sorpresa, el paciente comenzó a mejorar y pronto estuvo fuera de peligro.

Una tarde recibió la visita de Alexander.

—Es la segunda vez que me salvas la vida. ¿Cómo puedo recompensarte ahora que eres un médico importante? —le preguntó Winston.

—De una forma muy sencilla: recuerda siempre que llegué a serlo gracias a ti.

Recuerda, lo que respetas lo acercas a ti. Lo que criticas lo alejas de ti.

¡Honor a quien honor merece!

¡Vale más tener el respeto de los demás que su admiración!

¡El respeto al derecho ajeno es la paz!

¡El respeto es un valor que no se hereda, se adquiere!

Engrana con actitud de autocontrol

Autocontrol es regularse a uno mismo en cuanto a un

impulso o sentimiento. El autocontrol podría definirse como la **capacidad consciente de regular los impulsos de manera voluntaria** con el objetivo de alcanzar un mayor equilibrio personal y relacional. Una persona con autocontrol puede manejar sus emociones y regular su comportamiento.

El autocontrol es por otra parte, una herramienta que permite en momentos de crisis, **distinguir entre lo más importante** (aquello que perdurará) y lo que no es tan relevante (lo pasajero).

> **autocontrol es regularse a uno mismo en cuanto a un impulso o sentimiento**

Cuando se tiene autocontrol, se encuentra mejores condiciones para enfrentar las dificultades. Por otra parte, el autocontrol necesita del **diálogo sereno** para evitar que la confrontación derive en situaciones de violencia emocional o hasta física. La **paciencia** resulta una virtud clave a la hora de autocontrolarse.

Los individuos que aceptan sus fallos o equivocaciones, elevan su equilibrio interior, que los prepara para aceptar las debilidades y errores de los demás.

Cabe destacar, el principal enemigo del autocontrol

son las **ideas irracionales** que ocasionan una falta de autovaloración, inseguridad, dependencia de lo que se dice o se hace y la necesidad de aprobación por ejemplo. Estas ideas incluso pueden ocasionar **depresión.**

Es necesario subrayar además que, ante esas situaciones generadoras de estrés que consiguen hacernos perder los nervios, nos orilla a dejarnos guiar por nuestros impulsos y nos alteremos más de lo que quizá sea necesario.

Engrana con actitud de valor (coraje)

El individuo engrane que ejecuta con valor es animoso, esforzado, templado, alegre, lanzado, impávido, decidido y determinado.

> **los individuos que aceptan sus fallos o equivocaciones, elevan su equilibrio interior**

Valentía es el **aliento** o vigor en la ejecución de una acción. Por ejemplo: «Se necesita un hombre de valentía para una tarea semejante».

La valentía está asociada a la **gallardía** y valor. Cuando una persona es valiente, logra vencer sus temores o dudas y actúa con decisión y firmeza. La valentía se demuestra en los grandes actos pero también en las pequeñas acciones cotidianas. Ejemplo, para hablar con la verdad se requiere valentía.

> **la valentía es una virtud del ser humano para llevar adelante una iniciativa a pesar de las dificultades y los impedimentos**

Es posible entender a la valentía como una **acción esforzada y voluntaria.** El valiente saca fuerzas de donde la gente común no tiene y termina haciendo cosas extraordinarias.

En concreto, muchos son los relatos literarios y también los acontecimientos históricos que han venido a ensalzar la valentía de determinados personajes. Concretamente entre los más significativos se encuentran los siguientes:

- «El sastrecillo valiente» - Los hermanos Grimm son los autores de este cuento que gira en torno a un pequeño sastrecillo que, gracias a su valentía y a su inteligencia, consigue todo lo que se propone en la vida. De esta manera es como logrará una suculenta recompensa, un reino y también casarse con una princesa.

- Mahatma Gandhi - Su ingenio y sus principios a la hora de evitar que la India se encontrara ocupada y dominada por los británicos, le llevaron a hacer de la lucha pacífica su premisa de vida. El conseguir la paz y calidad de vida de sus compatriotas le movió en todo momento sin importarle las consecuencias que pudiera tener. Fue asesinado por sus ideales pero siempre los defendió a capa y espada.

Abogar por los principios e ideales de la comunidad que representas te hace ser una persona valiente.

Puede decirse que la valentía es una virtud del ser humano para llevar adelante una iniciativa a pesar de las dificultades y los impedimentos. Estas trabas generan miedos que son superados gracias a la valentía y el coraje.

Lo contrario a la valentía es la **cobardía**. El cobarde por lo tanto, no tiene valor o ánimo para ejecutar las tareas y superar las dificultades. Siempre hay valientes en una comunidad, pero la conducta de un líder lagarto demuestra que también hay grandes cobardes en una comunidad.

Engrana con actitud de paciencia

La **paciencia** es la actitud que lleva al ser humano a poder soportar contratiempos y dificultades para conseguir algún bien.

La palabra **paciencia** describe la capacidad que posee un individuo para **tolerar, atravesar o soportar** una determinada situación sin experimentar nerviosismo ni perder la calma. De esta manera, puede decirse que un individuo con paciencia es aquel que **no suele alterarse**.

Cuando una persona o situación acaba con la paciencia de alguien, consigue que el individuo alcance un estado de hartazgo, que se canse y no soporte más esa realidad. Las consecuencias pueden ser muy variadas y van desde brotes de violencia hasta el mero alejamiento, o el dejarse rendir.

La paciencia también representa la facultad **de aprender a aguardar por alguien o algo sin perturbarse durante la espera**. La paciencia representa la **capacidad de llevar a cabo diferentes planes o tareas sin permitir que la ansiedad arruine el objetivo**. La paciencia representa la **lentitud con la cual se desarrolla una actividad que exige precisión y minuciosidad**.

La paciencia en definitiva, guarda una relación estrecha con la **calma** y con la paz. Una persona paciente, según las definiciones teóricas, es aquella que sabe esperar y logra tomarse las cosas con tranquilidad. Lo contrario es un sujeto **impaciente**, que es ansioso y desea todo de forma inmediata.

Un error muy común es confundir la **paciencia** con la **pasividad**, con la falta de compromiso frente a la vida y los obstáculos propios de la realidad humana. Sin embargo, esto es incorrecto ya que el primer concepto (paciencia) se trata de una facultad que es sinónimo de fortaleza, de perseverancia y suele ser el **pilar fundamental para el desarrollo personal** y profesional. No se puede pensar en un gran escritor o un médico reconocido ni se puede imaginar a un empresario trascendente que haya trabajado de forma inconsciente e impulsiva sin la demostración de paciencia, sin haber aprendido de sí mismos y de su entorno.

Asimismo, es de conocimiento popular que los grandes creadores suelen ser incomprendidos por la sociedad. En muchos casos dar con una idea que mejora y proponer una forma nueva de pensar o actuar suele ser motivo de ataques producto de la envidia. Frente a esta actitud barbárica, las personas creativas (adelantadas) deben armarse de coraje y paciencia para conseguir con mucho esfuerzo que sus ideas trasciendan.

Otro aspecto de la paciencia es la capacidad de considerar hechos y variables que pueden ser imperceptibles para los seres ansiosos e impulsivos. Por ejemplo, alguien que es insultado y no responde violentamente puede parecer cobarde, pero también es posible que entienda que si se deja llevar por sus instintos puede empeorar la situación o simplemente no vale la pena entrar en el juego de la otra persona. Esto refuerza la diferencia con la pasividad, con la falta de interés y demuestra que muchas veces **es más fuerte y activo el paciente que el inquieto**.

En el libro de Génesis, el capítulo 37 dice que José, un joven hebreo, tuvo un sueño de grandeza y lo contó a sus hermanos, pero esto hizo que los hermanos lo odiaran aun más que antes. Idearon matarlo pero finalmente decidieron venderlo como esclavo. Luego fue comprado por un capitán de la guardia egipcia, llamado Potifar. Cuando José cayó en la mano de este hombre a quien no conoce, no se pone a llorar ni a maldecir, entiende que su propósito se cumplirá si hace las cosas bien hechas y le sirve con todo entusiasmo a su amo. Potifar, el capitán, al ver la actitud de trabajo del joven lo premia dándole autoridad. El servicio de José hace que Potifar se enriquezca.

Una persona paciente en su propósito y firme hace lo correcto en su servicio, haciendo que se convierta en una bendición para quienes trabajan o se asocian con él. Hay personas tan impacientes que ponen en peligro todo lo que emprenden y a quienes están en su alrededor, pues al no saber esperar, son incapaces de ver cumplir la obra de su mano. José se convirtió en la pieza de engrane que Potifar deseaba para el manejo de su casa. Debido a que Potifar tenía muchos asuntos por atender, el servicio de José le era de gran beneficio.

La mujer de Potifar se sentía sola, deprimida, falta de amor y mal atendida por su marido y esto le condujo a enamorarse de José. Seguramente pensaba que como este joven eran tan eficiente en los negocios de su marido, sería de la misma manera satisfaciendo sus deseos. Pero el joven no se prestó para tales insinuaciones y por el contrario esto fue lo que le dijo: «Mi amo ha puesto todo lo de esta casa en mis manos y lo único que me ha encargado es no tocarla a usted, mi señora. ¿Como haría yo tal mal contra mi señor y contra Dios»?

Este acto de negación hacia su señora le trajo a José una consecuencia severa, pues la mujer ofendida por el desplante lo acusó de todo lo contrario, diciéndole a su marido el capitán, que el joven la quiso violar. En verdad Potifar no lo creyó mucho pues lo puso en la cárcel, siendo un delito donde cualquier esclavo pagaría con la muerte.

Hay una aplicación importante en esta experiencia. Las personas con paciencia en lo que hacen, escogen el camino más íntegro, no el más fácil. No buscan el engañar a los demás, la manipulación y los métodos sucios para crecer. Es seguro que la mujer de Potifar le propuso al muchacho vivir una mejor vida, me imagino a ella con astucia le trataba de persuadir diciéndoles cosas como estas: «Conmigo en esta casa no te faltará nada, convenceré a mi esposo para que te de mejores beneficios y en su momento lo convenceré para obtener tu libertad». Pero el joven no estaba interesado en este tipo de métodos.

> **las personas engranes no usan métodos vergonzosos para crecer porque entienden que esos métodos dañarán o mancharán su propósito**

Las personas engranes no usan métodos vergonzosos para crecer porque entienden que esos métodos dañarán o mancharán su propósito. Ellos están dispuestos a pagar el precio y esperan con paciencia. Cuantos jugadores que tienen gran record y están a punto de entrar en el salón de la fama han perdido todo porque han basado sus logros en trampas y usos de sustancias prohibidas. Todo el ejemplo de hombre de servicio, trabajo duro y perseverancia, se esfuma en muchas ocasiones al final de su carrera.

En la cárcel José puso sus talentos a trabajar, ayudando a los presos y sirviéndoles como un engrane facilitador de nuevo. Cuando el carcelero vio la actitud de este muchacho le puso como jefe de los presos. Utilizando sus habilidades, dones y talentos se ganó la admiración de todos. En el capítulo 40 narra cómo dos personas importantes fueron encarceladas y puestos en su celda. Estos hombres eran importantes porque habían estado en la casa del faraón y le habían servido como parte de sus hombres de confianza. Uno era el copero, quien debía probar las copas antes que el faraón bebiera para asegurar que no estuviera envenenada y el otro, panadero, de igual modo probar los alimentos. Estos hombres tuvieron cada uno un sueño y José los ayudó con su don de interpretación de sueños y le pide al copero quien es el único que va a ser devuelto a su oficio, que cuando esté frente al monarca se acuerde de contarle su historia. Pero el hombre al salir de la cárcel y verse frente al faraón se olvida de todo dejando a José abandonado a su suerte.

A muchas personas, cuando en la vida las cosas no le salen como quieren, cuando el propósito no se cumple como desean, terminan en frustraciones, abandonan las virtudes que poseen y se aferran al infortunio, quejándose y lamentándose de su suerte. José entendía que todo en la vida tiene un propósito y si aceptara eso, sería más fácil mantener una actitud de paciencia cuando las cosas no salían como deberían. Es más, sin lugar a duda, el valor de pasar el proceso de una incidencia nos lleva a desarrollar la paciencia. La preparación de José en la casa de Potifar sobre cómo atender y tratar a las personas importantes, lo prepararon sin saberlo para lo que venía. También su estadía en la cárcel le estaba moldeando su corazón para desarrollar en él la perseverancia, la humildad y la paciencia para que en el futuro, cuando estuviera en la cima fuera sensible con los menos afortunados.

Los hermanos de José movidos por la envidia lo vendieron y a pesar de eso José los perdonó. Pudo superar el odio de sus hermanos. Uno no se puede imaginar el ser odiado por sus propia familia al grado de quererlo asesinar (Génesis 37.20). Eso era el plan original, si no hubiera sido por la intervención de Rubén (Génesis 37.21) y después la de Judá (Génesis 37.26-27). A pesar de ser echado en un pozo, José seguía fiel a Dios.

A pesar del cambio traumático de ser un hijo querido por su padre y tener comodidades, a ser un esclavo en una tierra extraña, José siguió fiel a Dios (Génesis 39.1-6). Fue la fe de José en Dios que lo ayudó a sobrellevar las tentaciones y el poder decir «No» cuando la malvada esposa de Potifar quería seducirlo. A pesar de esta prueba, José se mantuvo paciente.

José no sólo había sido vendido como esclavo, ahora fue acusado de un crimen que no cometió. Además, en prisión perdió valiosos años de su juventud al estar encarcelado. A pesar de todo esto, José seguía paciente. Cuando José interpretó los sueños del faraón, José no se volvió egoísta.

El faraón, notó algo en José y lo hizo administrador de la tierra de Egipto a la joven edad de 30 años. José se volvió el hombre más poderoso del mundo, con toda su prominencia, prestigio y privilegio. Y aun así, después de tenerlo todo, José siguió con una actitud paciente. No buscó venganza cuando se presentó la oportunidad sino perdonó a sus hermanos que lo habían traicionado. Fue la fe de José en Dios, que le permitió perdonar a sus hermanos por el pecado que le habían causado. José no los había visto por 22 años, pero cuando ellos fueron de rodillas a pedir comida, José no los abandonó. Miró que lo hecho por ellos por maldad, Dios lo cambio para bendición.

A pesar de que José tuvo la oportunidad de vengarse de

sus hermanos, no lo hizo. La clave del éxito de José en cada situación y circunstancia, en adversidad y prosperidad, en cárceles y palacios, **la clave fue que José fue paciente para que Dios obrara**.

Las circunstancias, los problemas y tardanza, están diseñadas para fortalecer el carácter y para que cuando triunfes puedas apreciarlo. Entender este principio te ayudará a servir con paciencia, pues lo que tú ya superaste otros están por superarlo.

Engrana con actitud de trabajar en equipo

No va bien nada, si no va bien junto. **Trabajar en equipo** es: el trabajo realizado por varios individuos donde cada uno hace una parte pero todos con un objetivo común.

Trabajar en equipo es una de las condiciones de trabajo de tipo psicológico que más influye en los trabajadores de forma positiva, porque permite que haya compañerismo. Puede dar muy buenos resultados ya que normalmente genera entusiasmo y produce satisfacción en las tareas encomendadas. Trabajar en equipo fomenta un ambiente de armonía y se obtienen resultados benéficos. El compañerismo se logra cuando hay trabajo y amistad.

En los equipos de trabajo se elaboran unas reglas que se deben respetar por todos los miembros del grupo. Son reglas de comportamiento establecidas por los miembros del equipo. Estas reglas proporcionan a cada individuo una base para predecir el comportamiento de los demás. La función de las normas en un grupo

no va bien nada, si no va bien junto

es regular su situación como unidad organizada así como las funciones de los miembros individuales.

La fuerza del equipo y su efectividad está expresada en la solidaridad y el sentido de pertenencia que tienen los individuos. Cuanto más cohesión (coherencia) exista, más probable es que el grupo comparta valores, actitudes y normas de conducta comunes.

Trabajar en equipo resulta provechoso no sólo para una persona sino para todo el equipo involucrado. Traerá más satisfacción y hará que los integrantes sean más sociables, también enseñará a respetar las ideas de los demás y en ayudar a los compañeros si es que necesitan nuestra ayuda.

Un **equipo** siempre será más efectivo que un individuo.

Además, todo individuo como parte de un equipo va a pasar por una serie de etapas mientras se ajusta y acelera los resultados.

En concreto, estas etapas serán las siguientes:

1.- Formación: En esta primera etapa es cuando se conforma el equipo y en ella se pueden producir situaciones tales como ansiedad, desconfianza e incluso también dependencia. En el lado positivo, estarían factores tales como el optimismo y las ganas de comprometerse con los objetivos del equipo y por lo tanto, de la propia empresa.

2.- Agitación: En esta etapa es cuando los integrantes del equipo empiezan a trabajar como tal y eso puede provocar que surjan determinados conflictos entre ellos como criticarse uno a otro por verse los defectos y no las virtudes.

3.- Normalización: Esta fase podríamos decir que es aquella en la que los miembros del grupo ya se sienten parte de un todo, colaboran y se ayudan. Han resuelto los conflictos habidos entre todos ellos y eso se traduce en una mayor comodidad y efectividad.

4.- Realización: Aquí es donde la armonía reina dentro del equipo y eso se traduce un rendimiento apropiado, eficaz y efectivo para poder conseguir los objetivos propuestos.

El buen funcionamiento de un equipo de trabajo depende de varios factores. Todos los engranes o individuos que forman parte del equipo deben trabajar para alcanzar el **objetivo común**. La solidaridad por lo tanto, es imprescindible dentro del grupo.

Esto supone que no hay lugar para el lucimiento (exhibición) personal o para la competencia interna que atente contra el objetivo de la organización. El líder del equipo de trabajo, sin embargo, debe saber reconocer los **méritos individuales** de cada uno de sus miembros. De esta forma reconocerá sanamente a quien destaque ya que todos los hacedores querrán acceder a los premios que se entreguen al buen rendimiento.

Pero no sólo eso, para el individuo que esté al frente del equipo es importante se mire a sí mismo como un miembro (engrane) del mismo equipo y se acople y vincule al trabajo. Es fundamental además, que sepa motivar a los integrantes, dirigirles y que tenga los conocimientos sobre cómo mejorar las cualidades y habilidades de cada uno. De esta manera, el orquestador se convierte en engrane y saca a flote lo mejor de cada uno de los participantes y así los resultados y objetivos comunes se consiguen de la mejor manera posible.

Las **relaciones personales** son la clave de un equipo de trabajo, aún más allá de la capacidad profesional. Un individuo puede aprender de sus compañeros y mejorar sus habilidades profesionales. En cambio, una persona que tenga mala relación con el resto del equipo sólo aportará problemas y atentará contra los fines comunes de la empresa.

Engrana con actitud de autodisciplina

La autodisciplina es aprender a ser tú quien maneje y dirija tu cerebro y no él a ti. El ser capaz de imponerte reglas y cumplirlas a pesar de desear otras cosas en el momento.

Cuando una persona no es disciplinada y no pone orden

en sus prioridades se parece mucho al personaje de la siguiente historia que puede ser parte de la vida real:

«Decidí lavar mi coche, así que me encaminé hacia la puerta con la cubeta, el jabón y la jerga, cuando vi que el correo estaba sobre la mesa y aunque había decidido lavar el auto, me detuve a revisar primero el correo.

»Dejé las llaves del auto sobre la mesa y revisando los papeles tiré lo que no servía y me di cuenta que el cesto de basura estaba lleno, así que fui a dejar las cuentas y facturas en el cajón del escritorio para ir a vaciar el bote pero al abrir el cajón se me ocurrió que debía de hacer los cheques para pagar las cuentas y no encontraba la chequera. Cuando la encontré vi que sólo quedaba un cheque ¿y dónde quedó la otra chequera? Me acordé que estaba en el segundo cajón de la cómoda de mi recámara.

»Fui hacia allá y ¡ahí estaba el jugo que me estaba tomando y que no sabía donde lo había dejado! Antes de ir por los cheques decidí alejar el jugo de la computadora por razones obvias y lo fui a poner en el refrigerador para que se enfriara de nuevo.

»Cuando llegué a la cocina me di cuenta que las plantas

necesitaban agua, así que dejé el vaso de jugo sobre la mesa y ¡ahí estaban los condenados lentes que había estado buscando toda la mañana! "En cuanto acabe con las plantas voy a guardar los lentes para no perderlos de nuevo" pensé.

»Llené una jarra con agua para regar las plantitas y comenzaba yo a regarlas cuando vi el control remoto del televisor sobre el mostrador de la cocina. Con el enojo, tiré un poco de agua al piso, "al rato lo limpiaré" me dije mientras recriminaba, "¿cuántas veces les he dicho que lo dejen cerca del televisor? Luego nos volvemos locos buscándolo cuando queremos ver la tele. Mejor lo pongo en su lugar de una vez." Fui hacia la sala y tuve la sensación de que había algo que quería hacer. Arrojé el control remoto sobre un sillón y me fui hacia la puerta de entrada tratando de acordarme qué es lo que pensaba hacer inicialmente.

> **la autodisciplina, es cuando tú como persona aprendes a controlarte sin que nada o nadie más te lo diga**

»Por supuesto, al final del día mi coche estaba sucio y la cubeta con las cosas de limpiar en la sala; el cesto de basura seguía lleno; las cuentas seguían sin pagarse; la chequera sigue teniendo un solo cheque; el vaso de jugo está sobre la mesa de la cocina; las plantas se marchitaron; el piso de la cocina está sucio y ¡no supe dónde dejé las llaves del auto, los lentes, ni el control remoto! Al final del día comprendí que no había podido terminar de hacer nada en todo el día, me sorprendí porque sé que estuve todo el día ¡ocupadísimo!»

La autodisciplina, es cuando tú como persona aprendes a controlarte sin que nada o nadie más te lo diga.

El manejo de la autodisciplina es una habilidad que le permite a cualquier individuo obtener mucho más con el mismo esfuerzo. Alguien dijo, que si tú sabes lo que quieres y lo quieres con suficiente pasión, lo conseguirás de una manera u otra con autodisciplina.

Ya sea que uno se encuentre en una situación de emergencia, intentando sobrevivir o desee lograr un objetivo cualquiera, el hecho de desear salir adelante es lo que motiva consciente e inconscientemente a uno mismo para poner todo su empeño en lograrlo. Este condicionamiento de imponerse uno mismo se denomina «autodisciplina» y su entendimiento cabal es fundamental para el logro de cualquier empresa. Una cosa es una disciplina impuesta por alguien y otra cosa es imponerte algo por una propia y profunda convicción, mientras que la disciplina impuesta no es nada más que eso, es decir, imposición a la fuerza.

La disciplina impuesta es minimalista en el sentido que pretende obtener un rendimiento o comportamiento mínimo de las personas y para ello apela al rigor, mientras que la autodisciplina (imponerte algo tú mismo) maximiza, pues apela y convierte un objetivo en una necesidad personal y con ello logra que los individuos den mucho más de sí mismos con tal de lograrlo.

La historia nos cuenta numerosos ejemplos en los cuales, individuos que se han motivado lo suficiente a sí mismo, han logrado salir adelante aun en las peores circunstancias y otros casos en los que pese a tener todo a su alcance y todas las posibilidades a favor perecen o son derrotados. Estos casos tienen mucho que ver con la aplicación de la autodisciplina, en contraposición a la disciplina impuesta.

La autodisciplina es la capacidad para fijar una meta realista o formular un plan y saber cumplirlo. Es la capacidad para resistir la tentación de hacer cosas que lastimen a otras personas o a nosotros mismos. Requiere de saber cumplir con las promesas y los compromisos que hemos hecho. Es el fundamento de muchas otras cualidades del carácter firme.

Cuenta una leyenda china que en cierta ocasión se enfrentaron dos grandes ejércitos a combatir en una ancha llanura. Los combatientes quedaron frente a frente y comenzaron a lanzar fieros gritos de provocación a sus contrincantes. Los generales y estrategas miraban detenidamente el campo buscando obtener las mayores ventajas posibles durante la batalla y esperaban el mejor momento para lanzar el ataque cuando intempestivamente un soldado que quería resaltar salió de las filas atravesando la llanura e internándose en la formación del enemigo cortando cabezas de sus sorprendidos rivales hasta que regresó triunfante a su propio escuadrón.

La acción había sido aplaudida por algunos compañeros que elogiaban su valor y entonces el general en jefe lo mandó llamar. Cuando estuvo ante su presencia, ordenó que lo llevaran delante de todos los integrantes del ejército y ¡le cortaran la cabeza! Algunos estaban atónitos y especialmente el audaz guerrero que se atrevió a preguntar el porqué de su ejecución. La respuesta del general fue: en este ejército hay muchos guerreros valientes pero hacen falta soldados que guarden la disciplina para no poner en riesgo el ejercito.

Cuando el general del ejército contrario se enteró de lo sucedido, inmediatamente envió a uno de sus soldados a solicitar condiciones para rendirse porque sabía que enfrentaba a un ejército de valientes y que además, lucharían con disciplina.

Frecuentemente la autodisciplina requiere de persistencia y poder cumplir con compromisos a largo plazo demorando el placer o recompensa inmediata con el fin de alcanzar una satisfacción más duradera. También incluye saber manejar emociones como el enojo o la envidia y desarrollar la capacidad para ser pacientes.

Aprender la autodisciplina ayuda a regular el comportamiento y da la fuerza de voluntad para tomar buenas decisiones y saber escoger bien. Por otro lado, si no pueden desarrollar la autodisciplina, esto los deja expuestos a comportamientos autodestructivos. Sin la capacidad para controlar o evaluar sus impulsos, los individuos pueden dejarse llevar por situaciones peligrosas.

Engrana con actitud de mentor

Hellen Keller dijo alguna vez «caminar con un amigo por la oscuridad, es mejor que caminar solo bajo la luz».

Todo lo que sabemos lo aprendemos de otro ser humano. **Mentor** es un término que procede del consejero de **Telémaco** en la **Odisea**. Este personaje de la mitología griega era hijo del **Álcimo** y amigo de **Ulises**. Entonces el concepto de mentor refiere a quien actúa como **guía** o **consejero** de otra persona.

La relación entre el mentor y el **aprendiz** o discípulo se conoce como **mentoría**. A través de este vínculo, el mentor comparte su experiencia y conocimientos con la otra persona para que ésta pueda desarrollarse

> ## la clave de la mentoría está en la comunicación

con éxito a nivel profesional y personal para encajar en el engranaje de cierto proyecto.

La clave de la mentoría está en la comunicación. Puede tratarse de una comunicación verbal con múltiples charlas, una comunicación práctica donde se enseñan situaciones concretas o una comunicación más bien simbólica en la que resalte el ejemplo. Lo importante es que el aprendiz logre asimilar los conceptos intentados transmitirse por su mentor.

Es importante destacar que la mentoría se asocia a un proceso informal de enseñanza a diferencia de la relación que se establece entre un maestro y sus alumnos en el marco de la escuela. El mentor no se ata a un programa de estudios ni califica al aprendiz bajo criterios de evaluación como ocurre en el sistema educativo formal.

Los **emprendedores, deportistas, músicos** y **escritores** suelen reconocer como mentores a quienes los guiaron en los inicios de sus carreras profesionales.

que nunca se nos olvide, que lo que aprendimos y estamos por aprender lo aprendimos y aprenderemos de otros

Con la guía de un palo por pequeño que sea, este puede dirigir una planta hasta convertirla en árbol. Tener un guía en los inicios es algo fundamental. Sin embargo cuando el aprendiz se fortalece y crece como un árbol puede llegar a conceptuar al palo que lo guió como un estorbo.

Que nunca se nos olvide, que lo que aprendimos y estamos por aprender lo aprendimos y aprenderemos de otros.

Engrana con actitud de sensatez

Todo es temporal. Un individuo sensato tiene buen juicio.

Es razonable, sereno, precavido y por lo tanto tiene una **comprensión más avanzada** para atender un asunto. Es decir el engrane sensato sabe conducirse y comportarse con inteligencia. Está ubicado emocionalmente dentro de lo que hace.

Por ejemplo, suele mencionarse que un jugador de futbol tiene sensatez cuando, gracias a su experiencia y visión del juego, sabe ubicarse correctamente en el campo, asistir a sus compañeros y manejar el ritmo del partido.

> **el problema no es tropezarse con la piedra, el problema es que te enamores de la piedra**

Es importante aclarar que el talento no siempre está vinculado a la **sensatez**. Una persona puede tener mucho talento en un área y sin embargo no tener sensatez o sentido común. Cualquier individuo puede alcanzar la sensatez a partir de la observación, intentos y fracasos.

Mi abuela decía: «El problema no es tropezarse con la piedra, el problema es que te enamores de la piedra».

La sensatez, por lo tanto, está asociada a la reflexión, madurez, entendimiento. Puedo recordar los consejos de mi abuela y decía: «No te conviene exponerte de esta forma, tienes que demostrar sensatez en tus acciones». Por otro lado puedo compartirles algunos consejos compartidos con algunos líderes: «Necesitamos dirigentes que se manejen con sensatez y que no despilfarren su dinero».

> **necesitamos dirigentes que se manejen con sensatez y que no despilfarren su dinero**

Por todo ello, se considera que la sensatez es uno de los mejores valores que puede tener una persona tanto para su propio desarrollo como para su relación con los demás y su papel en la sociedad. Así, se considera que es una herramienta fundamental para poder tratar con educación a otros individuos.

Hay etapas en las que el ser humano puede ser más insensato, por ejemplo, cuando estamos aprendiendo algo que desconocemos totalmente, nos llenamos la cabeza de percepciones y nos conducimos imprudentes e imparciales.

Cuanta la historia de dos hermanos que vivían en granjas adyacentes cayeron en un conflicto. Este fue el primer conflicto serio que tenían en 40 años de cultivar juntos hombro a hombro, compartiendo maquinaria e intercambiando cosechas y bienes en forma continúa y con buenos resultados. Esta larga y beneficiosa colaboración terminó repentinamente. Comenzó con un pequeño malentendido y fue creciendo hasta llegar a ser una diferencia mayor entre ellos, hasta que explotó en un intercambio de palabras amargas seguido de semanas de silencio.

Una mañana alguien llamó a la puerta del hermano mayor. Al abrir la puerta, encontró a un hombre con herramientas de carpintero. «Estoy buscando trabajo por unos días», dijo el extraño, «quizás usted requiera algunas pequeñas reparaciones aquí en su granja y yo pueda ser de ayuda en eso».

«Sí», dijo el mayor de los hermanos, «tengo un trabajo para usted. Mire al otro lado del arroyo aquella granja, ahí vive mi vecino, bueno, de hecho es mi hermano menor. La semana pasada había una hermosa pradera entre nosotros y el tomó su buldózer y desvió el cauce del arroyo para que quedara entre nosotros. Bueno, él pudo haber hecho esto para enfurecerme, pero le voy a hacer una mejor. ¿Ve usted aquella pila de desechos de madera junto al granero? Quiero que construya una cerca, una cerca de dos metros de alto, no quiero verlo nunca más.»

El carpintero le dijo: «Creo que comprendo la situación. Muéstreme donde están los clavos y la pala para hacer los hoyos de los postes y le entregaré un trabajo que lo dejará satisfecho.»

El hermano mayor le ayudó al carpintero a reunir todos los materiales y dejó la granja por el resto del día para ir por provisiones al pueblo.

El carpintero trabajó duro todo el día, midiendo, cortando, y clavando. Cerca del ocaso, cuando el granjero regresó, el carpintero justo iba terminado su trabajo.

El granjero quedó con los ojos completamente abiertos, su quijada cayó. ¡No había ninguna cerca de dos metros! En su lugar había un puente ¡un puente que unía las dos granjas a través del arroyo!

Era una fina pieza de arte, con todo y pasamanos. En ese momento, su vecino, su hermano menor, vino desde su granja y abrazando a su hermano le dijo: «¡Eres un gran tipo, mira que construir este hermoso puente después de lo que he hecho y dicho!»

Estaban en su reconciliación los dos hermanos, cuando vieron que el carpintero tomaba sus herramientas. «¡No, espera!», le dijo el hermano mayor. «Quédate unos cuantos días. Tengo muchos proyectos para ti.»

«Me gustaría quedarme,» dijo el carpintero, «pero tengo muchos puentes por construir.»

Engrana con actitud de líder

Nadie nace sabiendo. Todo lo que sabemos lo aprendimos de otro ser humano. Un engrane líder es aquel que se distingue por ser fuente de consulta. Es quien actúa como guía de un grupo. Para que el liderazgo de este líder sea efectivo, el resto de los integrantes debe reconocer sus capacidades. Por ejemplo: «Todos pusimos de nuestra parte para ganar, pero debemos reconocer que no lo habríamos conseguido sin la guía de nuestro líder».

El líder tiene la facultad de **influir** en otros. Su conducta o sus palabras logran incentivar a los miembros de un grupo para que trabajen en conjunto por un objetivo en **común**. De acuerdo a su forma de ejercer la conducción del equipo, el líder puede ser considerado **autoritario** (toma las decisiones sin dar explicaciones al respecto), **democrático** (permite que todos opinen y se decide por consenso).

Cabe mencionar que no puede nacer y florecer un
grupo de seres humanos en el que nadie asuma el
papel de líder, por sutil que sea su desempeño. Todas las
personas necesitan de un cierto grado de organización
en su vida, y para ello es esencial tener un guía,
alguien que tome o evalúe las decisiones importantes y
mantenga a sus compañeros animados y enfocados en
un objetivo para que no se pierda el sentido de la unión.
Desde un pequeño grupo de amigos en una empresa
hasta un país entero, todos se basan en un sistema
jerárquico. Aunque a simple vista puede parecer que ser
líder es el papel más fácil, esta posición es la más difícil,
pues es más complicado mantenerse en esta posición
que alcanzarla.

Algunas de las características más importantes de todo
líder exitoso son:

1.- **Sabe escuchar** a los demás integrantes de
su grupo

2.- Se acerca a cada uno de ellos y se toma el tiempo
de conocerlos bien prestando especial atención a
sus **necesidades**

3.- No se muestra como un amo todopoderoso,

sino intenta dar un espacio a cada uno para que todos se sientan parte de las decisiones

4.- **Aprende de sus errores** y no tiene miedo al cambio dado que en éste reside el secreto de su continuidad en el rol

5.- **El verdadero líder sabe que todo es temporal y mientras lidera, alguien más se está preparando para reemplazarlo.**

La labor del líder consiste en **establecer una meta y conseguir** que la mayor parte de las personas deseen y trabajen por alcanzarla. El engrane líder es un elemento fundamental

no se muestra como un amo todopoderoso, sino intenta dar un espacio a cada uno para que todos se sientan parte de las decisiones

en los gestores del **mundo empresarial**, para sacar adelante una empresa u organización. El líder **se distingue del resto** por tomar decisiones acertadas para el grupo, equipo u organización a la que pertenezca, inspirando al resto de los participantes de ese grupo a alcanzar una meta común. Por esta razón se dice, que el liderazgo implica a más de una persona: quien dirige y quienes lo apoyan y permiten que desarrolle su posición de forma eficiente.

Para ser líder, es fundamental por otra parte, tener la **capacidad de mantener buena comunicación,** no sólo saber expresar claramente las ideas y mandatos, sino también saber escuchar y tener presente lo que piensa cada individuo que forma parte del grupo representado. Además, es fundamental contar con inteligencia emocional. Es decir, con la habilidad de conducir los sentimientos y emociones de uno mismo y de los demás y utilizar la información para conseguir el objetivo común del grupo.

Capítulo 7

Lo que atranca al engrane

El hombre injusto no es solo aquel que comete injusticia sino también es aquel que pudiendo ser justo no quiere serlo

Engrane

Dado a que vivimos en un mundo entrelazado, el engrane motor tanto como el resto de los engranes son indispensables. Es decir, el individuo impulsor, llámese empresario o líder, al igual que el resto del equipo, son necesarios para la marcha y cumplimiento del objetivo.

La historia habla de un artista el cual se preparó muy bien para tocar el órgano y dar grandes conciertos. El hombre tenía una gran destreza y esto lo hizo avanzar muy rápido en el campo de la música. A todo lugar que iba impresionaba a la gente con su melodía. La gente le aplaudía y lo aclamaba, su agenda cada vez estaba más abultada. La gente ignoraba que el órgano hacía ese sonido sólo cuando un individuo detrás soplaba con fuerza. La gente aplaudía, pero alguien detrás soplaba el viejo órgano de viento pues en esos tiempos los órganos no eran como los de hoy. Estos estaban hechos para que sonaran sólo si recibían viento a través de unos tubos. El hombre debía soplar o de lo contrario el instrumento no sonaría. El artista seguía con su gira, pero el trato que le daba al viejo compañero era de poca honra. Nunca mencionaba su nombre, nunca le daba algún crédito y hasta le daba una paga muy insignificante. Cuando el buen compañero, el cual nadie podía ver, pues estaba detrás de unas cortinas, le reclamó, el artista dijo que esa era su presentación, era su fama y gracias a sus habilidades se podían dar esos conciertos tan preciosos.

El hombre encargado de soplar el viejo órgano detrás del escenario, muy decepcionado por el mal trato de su jefe, decidió no soplar más. El profesional hundió los dedos en las teclas del órgano, pero este no sonó. El viejo y cansado hombre que estaba del otro lado de las cortinas sólo cruzó los brazos y se quedó esperando la reacción de su distinguido compañero y del público. El artista volvió a hundir los dedos en el teclado, pero ningún sonido melódico salió. Este muy frustrado, fue a la parte de atrás y al ver su compañero con los brazos cruzados le comenzó a reclamar. Al ver la oportunidad para exponer su punto le puso en claro que no seguiría trabajando si no se le daba la honra que el merecía y la recompensa justa.

Este hombre talentoso al darse cuenta de que sin su compañero no podía tocar el órgano, prometió cambiar su actitud hacia su viejo amigo y ser más justo con él.

Esta ilustración nos deja claro que para lograr nuestros objetivos necesitamos reconocer que no somos autosuficientes. Alguien más tiene el complemento o la pieza necesaria para armar el rompe cabeza deseado.

Ahora bien, es importante que te conceptúes como un engrane, como una pieza fundamental, sin importar si eres un

para lograr nuestros objetivos necesitamos reconocer que no somos autosuficientes

engrane motor o un engrane que impulsa donde no hay superior. Todos ponemos nuestro granito de arena.

Aceptar que la interdependencia es una realidad que determina nuestras vidas es una forma de pensar. Es importante adquirir este conocimiento y lograr desarrollar pautas de comportamiento conscientes y responsables. Por lo tanto, la comprensión de ser interdependientes nos permite aceptar que lo que hacemos lo hacemos en sociedad y como somos seres sociales. Ninguna persona funciona absolutamente aislada. Sin embargo, la convivencia no siempre resulta fácil dado que pueden interferir negativamente ciertas diferencias sociales, culturales o económicas entre otras muchas posibilidades.

Así como el engrane puede oxidarse y atrancar el funcionamiento de la transmisión, también el individuo puede atrancar el funcionamiento social, laboral y empresarial.

El jefe de una tribu estaba manteniendo una charla con sus nietos acerca de la vida, cuando les dijo: «¡Una gran pelea está ocurriendo dentro de mí!... ¡es entre dos lobos! Uno de los lobos es maldad, temor, ira, envidia, dolor, rencor, avaricia, arrogancia, resentimiento, inferioridad, mentiras, orgullo, egolatría, competencia y superioridad. El otro es bondad, alegría, paz, amor, esperanza, serenidad, humildad, dulzura, generosidad, benevolencia, amistad, empatía, verdad, compasión y fe.

»Esta misma pelea está ocurriendo dentro de ustedes y dentro de todos los seres de la tierra.»

Lo pensaron por un minuto y uno de los niños le preguntó a su abuelo: «¿Y cuál de los lobos crees que ganará?»

El anciano jefe respondió simplemente, «El que alimentes».

¿Qué atranca al engranaje social, laboral y empresarial? Hay que estar alerta a los falsos principios. Cuando la lealtad se hace a un lado la complicidad se asoma. Cuidado con ser cómplice. El desleal y el cómplice van de la mano y ambos atrancan el funcionamiento.

Ser **imponente**. Sin lugar a dudas, se encuentra entre los peores estorbos de la vida y puede acarrear resultados muy lamentables.

Ser imponente es la acción y el efecto de poner una obligación en contra de la voluntad de un individuo; poner una carga e infundir respeto a través del miedo; la imposición inquieta y molesta a quien está

así como el engrane puede oxidarse y atrancar el funcionamiento de la transmisión, también el individuo puede atrancar el funcionamiento social, laboral y empresarial

vinculado en una tarea. Para que alguien esté en condiciones de imponer algo a otra persona, debe contar con mayor fuerza, ya sea simbólica o física. Este comportamiento desmoraliza o desanima al individuo.

El concepto de imposición, entendido como la presión ejercida por una o varias personas sobre otra u otras para perseguir un objetivo determinado, es un fenómeno que tiene lugar en muchos ámbitos de la vida, aunque no siempre seamos conscientes de ello. En primer lugar, es importante distinguir entre dos tipos básicos de imposición y pueden ser: *directa* e *indirecta* según los medios utilizados para hacerla efectiva y la relación que exista entre las partes involucradas.

donde hay corrupción hay un mal ambiente que se percibe por más que se quiera ocultar

En el primer grupo, es posible decir que una imposición directa ocurre cuando un individuo se siente superior a los demás y los obliga a hacer ciertas cosas contra su voluntad.

Por otro lado, se encuentra la imposición indirecta, que recibe este nombre por tratarse de uno o más mandatos transmitidos a través de un escenario o medios de comunicación masivos o de entidades dedicadas a congregar gente en torno a una serie de ideales, entre otras posibilidades.

Pero ninguno de los problemas son tan graves y profundos como el **ser corrupto,** otra actitud que atranca al engrane. La **corrupción** es la **acción y efecto de** depravar, echar a perder, sobornar a alguien, pervertir o dañar. La corrupción, por lo tanto, puede tratarse de una acción inmoral en la que la vinculación o enlace de dos o más individuos pueden dañar el funcionamiento.

En otro sentido, la corrupción es la práctica consistente en hacer abuso de poder, funciones o medios para sacar un provecho económico o de otra índole. Esta actitud empieza a oxidar y provocar una descomposición, es decir, generar desorden, dividir o segmentar a los individuos que componen un funcionamiento. Los individuos entran en un estado de putrefacción y pierden el estado saludable.

Esta descomposición empieza a emitir actitudes negativas que crean una fluidez de mentiras, manipulación e inseguridad donde el engrane pierde su fuerza por perder el respeto.

La **autolisis** (tal como se conoce al quiebre o ruptura de tejidos a raíz de los compuestos químicos del cuerpo) y la **putrefacción** (es decir, la desintegración de tejidos por el accionar de las bacterias) provocan un ambiente con el olor característico de los cadáveres. Es decir, donde hay corrupción hay un mal ambiente que se percibe por más que se quiera ocultar. A la corrupción se encadenan otros delitos: el robo, sustracción, fraude, despojo, ocultamiento, complicidad etc.

En sí, lo que atranca el engranaje en cualquier actividad social, laboral o empresarial con la actitud de **servir** como **engrane,** son una serie de cosas, desde el abuso, la flojera, falta de principios, manipulación, envidia, complejo de inferioridad, incapacidad, chismes etc. (Se recomienda al lector leer el libro: *Lagartos reprensibles* para estudiar más afondo algunos aspectos del individuo que atrancan su funcionamiento.)

Es importante, amigo empresario, auto-empleado o empleado, entender que las destrezas son importantes, pero nadie ha llegado lejos en la vida sólo por tener destrezas en alguna profesión o actividad, pues el talento no es suficiente. Detrás de tu actividad y triunfos hay individuos o recursos que te impulsan y que te mejoran. No porque seas talentoso eres el todopoderoso. Recuerda, todo es temporal. Por lo tanto el orgullo es el comienzo de la caída, la oxidación. La nobleza y la actitud de impulsar a otros y mejorarlos te engrandecen.

> **detrás de tu actividad y triunfos hay individuos o recursos que te impulsan y que te mejoran**

La empresa, antes de ser empresa es humana. Es

fundamental tener una misión social para satisfacer una necesidad. Cuando se pone una empresa, tanto el empresario como el empleado se necesitan mutuamente.

La persona puede tener el capital, pero no lo puede hacer todo solo y va a necesitar personal que haga lo que él no puede hacer, pues nadie es autosuficiente. Este concepto de engranaje social nos hace entender que no debemos vernos como individuos superiores e indispensables. El éxito de cualquier empresa depende tanto de la calidad de los empleados como de la calidad del empresario.

En un hermoso establo de las llanuras vivían juntos un buey y un burro. Mientras el burro flojeaba casi todo el día y se limitaba a transportar muy de vez en cuando a su amo, el buey vivía jornadas agotadoras de esfuerzo: labraba la tierra, llevaba en su lomo pesadas cargas y hasta tenía que ayudar a sacar el agua de una noria.

Una tarde llegó muy cansado al establo, comió una abundante ración de paja, bebió agua suficiente y empezó a quedarse dormido cuando de repente se sobresaltó.

—¿Qué te pasa? —le preguntó el burro.

—Acabo de recordar que mañana tengo que levantarme

muy temprano, pues debo ayudar a labrar el gran terreno que hay pasando la laguna, y ya no aguanto la fatiga —respondió el buey.

—No te preocupes, yo voy a enseñarte cómo puedes quedar libre de ese trabajo —dijo el burro.

—¿Cómo?

—Es muy fácil. Mañana, cuando el patrón venga por ti comienza a caminar sólo sobre tres patas. El amo creerá que tienes lastimada la cuarta y te dejará descansar todo el día —explicó el habilidoso jumento.

Aquella noche el buey no logró conciliar el sueño pensando qué hacer al día siguiente. Así vio ocultarse la luna y salir el sol. Si ya de por sí estaba cansado, ahora tenía todavía menos energías.

El gallo cantó y el patrón se acercó al establo para despertar al buey. Siguiendo los malos consejos del burro, cuando éste se incorporó hizo como que cojeaba.

El dueño del establo lo vio con detenimiento y le dijo: —Mmm… creo que has estado trabajando demás estas semanas. Haré venir al veterinario para que te revise esa pata. Pero el terreno que hay pasando la laguna no puede quedarse sin labrar pues se necesita sembrar las verduras que las personas de la comunidad consumen ….alguien debe de producir lo que se consume. ¡Ya tengo la solución! En esta ocasión serás tú quien me ayude —dijo mirando al burro.

Espantado por la perspectiva de trabajar todo un día el burro pegó un rebuzno que se oyó muy lejos y cuando recuperó la compostura se dirigió al amo: —Patrón, patrón, el buey no está enfermo de la pata, yo le aconsejé que mintiera para no ir a trabajar —le explicó.

—¿De manera que le estuviste dando malos consejos para que sea igual de flojo que tú? —comentó el amo y se quedó pensando un largo rato.

Ambos animales esperaban temerosos la decisión de su dueño hasta que éste finalmente habló.

—Bueno, los dos podrían merecer una buena paliza por mentirme, pero he tomado otra decisión. Tú, buey, te has esforzado más de lo que puedes y mereces un descanso. Y tú, burro, necesitas hacer algo por cambiar de vida. Así que mientras el buey toma unas vacaciones me ayudarás a labrar la tierra —comentó.

—¿Y cuando terminen las vacaciones? —cuestionaron los animales a coro.

—Entonces todos los días iremos los tres a labrar para conocer juntos la alegría del esfuerzo y también la del descanso.

en el sistema servicio engrane tú me impulsas a mí y yo te impulso a ti y juntos impulsamos a otros

Es importante cuidar nuestras actitudes y nuestra labor social. Pues pensar como engrane en este mundo moderno nos prepara para tener un estado mental que nos permita hacerlo todo para mejorar e impulsar a alguien. En el sistema **servicio engrane** tú me impulsas a mí y yo te impulso a ti y juntos impulsamos a otros.

Capítulo 8

Una imagen moderna para un mundo moderno

En dicha interdependencia social cada persona se define por si misma a través de sus actitudes y sus acciones

Engrane

Anteriormente se ha dicho que la palabra **servir** tiene una connotación (imagen) de sometido, porque la historia ha tomado esa palabra de «siervo» con el significado de «esclavo». Este mundo civilizado, comercializado y moderno ha tomado el concepto «servir» del concepto de las monarquías, de los faraones, feudales, reyes, condes, etc., trayéndolo al mundo moderno donde existe la democracia y donde las personas elijen donde trabajan y quien les gobierna. Hoy en día hay individuos en posiciones de liderazgo con la idea de que el mundo moderno soportará a personas que inducen miedo y amenazas. Este paradigma de sumisión y esclavitud ha sido superado.

Hoy es un mundo moderno, vivimos educados por la democracia, donde las personas tienen opciones y someten a juicio lo que escuchan. Mientras más educada es una persona más opciones tiene. El concepto de las monarquías y la esclavitud es un concepto antiguo y no podemos aplicarlo como antes. Las personas sirven hoy en diferentes actividades, pero no como esclavos, sino por voluntad y según sus habilidades. Hoy en día, el servicio en vez de ser menospreciado es valorado y remunerado.

Es importante concientizar que hemos evolucionado en cuanto al servicio. De ser visto como lo peor de la sociedad ahora es visto como algo importante sin él cual no podemos funcionar. Sin embargo, la actitud que aún muchos tienen en cuanto a «servir» en esta sociedad moderna es de una actitud medieval.

> **por lo tanto cualquier acuerdo al que llegues en cuanto a servir por alguna remuneración o sin remuneración es decisión tuya**

Muchos al «servir» se sienten sometidos, obligados y hacen las cosas de mal gusto. Es el deseo sincero que al terminar de leer este libro no te sientas así. Recuerda, en este mundo de libertad no estás atado a nada, eres libre. Por lo tanto cualquier acuerdo al que llegues en cuanto a servir por alguna remuneración o sin remuneración es decisión tuya.

Los que ya tenemos la edad de trabajar, cuando pretendemos conseguir de alguien un empleo, primero llenamos un formulario de solicitud donde se asientan nuestros datos personales para que el empleador se entere que estamos capacitados para desempeñar el trabajo solicitado, trátese de un obrero o un profesionista calificado. No obstante, a la hora de la entrevista para determinar si acepta nuestros servicios, lo que más le puede emocionar al patrón, es el interés honesto del trabajador más por la prosperidad de la empresa que el salario pretendido.

Con este criterio podemos deducir, que si bien son importantes nuestras habilidades y destrezas, son mucho más importantes las intenciones reflejadas en nuestros pensamientos a cerca de nuestras actitudes. Sí vamos a trabajar con una mentalidad de obligación y sometimiento, ¿dónde está nuestra evolución? Nuestra calidad de producción no va a ser la mejor.

Este es el punto que se desea destacar en este libro: proponer una nueva imagen de «servir». **Que cuando escuches la palabra «servir» no la percibas como un sometimiento obligado sino como la de un engrane.** Sí, eso es, servir como un engrane para todo lo que tú quieres en la vida. Al cambiar la imagen de «**servir**» de los tiempos monárquicos por la de un «**engrane**», posicionaremos una imagen nueva en nuestra mente que te permitirá que percibas «servir» como **impulsar, mejorar y avanzar.**

Al no cambiar nuestra percepción medieval de **servir (sometido)** a un concepto actual de **servir (engrane)** puede ser contradictorio el mensaje en nuestra mente, pues cuando escuchamos palabras como estas: «El que sirve alcanzará el éxito, los hombres exitosos son servidores, el que sirve es el mayor», nos confundimos, ya que no podemos tener dos imágenes opuestas al mismo tiempo. Te invito

> **la actitud tomada hoy ante lo que está frente a ti es lo que la vida te estará entregando mañana**

a que cuando escuches la palabra servir la relaciones a un **engrane** y te sientas orgulloso de lo que haces y contribuyes a esta sociedad.

Este solo hecho cambiará tus expectativas modernas de éxito y tus resultados. Lo que tú haces hoy no dictará lo que será mañana. Pero la manera que lo estás haciendo, con qué actitud, con cuánto cuidado, diligencia, carácter y honestidad, eso hará la diferencia. La actitud tomada hoy ante lo que está frente a ti es lo que la vida te estará entregando mañana.

Ante lo que hagas, no te limites a verte como un asalariado, ni mucho menos como un sometido. El mundo ha cambiado. Percíbete como un engrane impulsador de una tarea; percíbete como un individuo que coopera interactivamente complementando tareas específicas. El engrane tiene una serie de virtudes: el engrane impulsa, mejora, enlaza, ensambla, vincula, transmite, acelera, se acopla, y une.

Tomemos el ejemplo de un restaurante. El engrane eje en este caso es el inversionista que contribuye con los recursos financieros. El chef se une, equipado de conocimientos en alimentos, sabores y olores. El cocinero se ajusta a las instrucciones del chef. Los preparadores se enlazan con el cocinero. Los lavaplatos se encargan de mantener limpio el ambiente. A todo este ensamble se une el mesero o mesera para acerar el funcionamiento del restaurante. Gracias a cada uno de ellos podemos ir a un restaurante y disfrutar de una comida calientita y deliciosa. Es la mentalidad de engrane que hace eficiente a cualquier empresa.

Este modelo de engranaje social, donde hay varios participantes, lo podemos ver en un hospital, en el departamento de policías, en el ayuntamiento, en una tienda departamental, el cine etc. En todas las profesiones, oficios y servicios es igual. La regla no cambia para ningún mecanismo del planeta. Todos somos un fragmento social que engrana al crecimiento y supervivencia del individuo.

Es imprescindible para ti, querido lector, que la palabra servir no traiga más a tu mente la imagen de algo inferior, sino la de un mecanismo que impulsa y acelera, un engrane. Es la nueva propuesta y mi propósito en este libro, es que aceptes este nuevo concepto: **Servir = Engranar.**

> **«el servir»; ser un mecanismo que impulsa, acelera, conduce, que mejora a otros y no atranca; un mecanismo que abre caminos para que otros avancen; un mecanismo que mejora la vida de otros**

Cuando las personas me preguntan, Juan ¿Cuál ha sido el secreto de tus logros? Yo les contesto: «el servir»; ser un mecanismo que impulsa, acelera, conduce, que mejora a otros y no atranca; un mecanismo que abre caminos para que otros avancen; un mecanismo que mejora la vida de otros.

Mi abuela me decía: «Hijo una persona servicial no cae mal, una persona servicial donde sea cae bien, a una persona servicial quien sea le ofrece un peso o un taco». Cuando teníamos hambre nos decía: «Quieren comerse una tortilla dura o quieren ir a granjearse (ganar) un taco». Recuerdo bien, que la respuesta era: «Queremos granjearnos un taco». A lo que ella siempre respondía, «Nunca lleguen a un lugar preguntando qué hacer o cuanto les van a pagar, lleguen acomidiéndose. Nunca se acerquen a la mesa, es mejor ser invitados a la mesa a que los corran de la mesa.»

Estos consejos provocaron en mi mente la actitud de ser útil, es decir, de «servir» a cambio de lo que la gente estuviera dispuesta a darme por barrer la calle, la banqueta, ir a un mandado, etc. Nunca me percibí como un sometido sino como un individuo que contribuía al mejoramiento de una calle o de una familia. Hasta hoy en día tengo bonitos recuerdos de las familias que me ofrecieron un taco a cambio de mis servicios.

Gracias también doy a esas familias que en un momento me remuneraron con un peso o un taco y nunca me miraron como un desecho social. Gracias especialmente a mi madrina Velia y a mi madrina María, pues tengo muy bonitos recuerdos de ellas. Gracias a mi tío Abraham y a mi tío Chava quienes me ensenaron mis primeros oficios. Mi abuela decía, «Dense por bien pagados cuando les enseñen a trabajar. No pidan un salario, pidan que les enseñen a hacer algo.»

La percepción del servicio engrane

Te hare algunas preguntas. ¿Cómo te percibes ante lo que haces? Si eres empresario o líder corporativo, ¿te sientes superior a los demás? ¿Un súper hombre que tiene la actitud de monarca? Si eres empleado o autoempleado, ¿te avergüenza de las actividades que haces? ¿Te avergüenza ser percibido como un servidor? A mí por ejemplo no, porque cuando yo pienso en la palabra «servir» en vez de percibir la imagen de un sometido me llega la de una rueda en movimiento, un engranaje suave, bien aceitado, con un sonido silencioso, un movimiento sereno, un rodaje sin molestia. Esta es la manera como yo percibo a los micro o macro empresarios, a los líderes corporativos lucrativos o no lucrativos y empleados remunerados y no remunerados. Cada acto que veo lo percibo como un engranaje social.

El engrane se mantiene en movimiento

Mi abuela era un ejemplo de tener la actitud de servir como engrane. Era respetosa con la gente y muy puntual con sus tareas. A las cuatro de la mañana se levantaba a barrer y regar la calle. A las cinco de la mañana hacia tortillas para vender. A las seis de la mañana les daba de desayunar a obreros. A las siete de la mañana despertaba a las hijas y a los nietos para darles de comer y mandarlos a la escuela.

Armería, donde yo vivía con mi abuela, fue un pueblo formado por campesinos que llegaron buscando oportunidades. Posesionaron tierras e hicieron las casas de palapas (hoja de palma) con pisos de tierra. Las calles eran también de tierra y los arboles tiraban las hojas sobre los patios y la calle. Mi abuela usó esa necesidad para buscar una manera de servir a las personas y mejorar la apariencia de las calles. Se iba a los campos y recogía palos secos y hacia escobas que las

> **cuando yo pienso en la palabra «servir» en vez de percibir la imagen de un sometido me llega la de una rueda en movimiento, un engranaje suave, bien aceitado, con un sonido silencioso, un movimiento sereno, un rodaje sin molestia**

personas podían usar para barrer las hojas. Fue así como ella se convirtió en un engrane para cada persona y fue la razón por la que ella consiguió hacer tantas cosas a la vez.

De ella entendí el concepto del tiempo. Ella decía, «Cuando inviertes tu tiempo obtienes algo a cambio,

sin embargo cuando gastas tu tiempo no obtienes nada». Después de sus tareas matutinas, mi abuela comercializaba cualquier cosa según la necesidad del pueblo. Vendía escobas de palitos, vendía cal, leña, carbón, petróleo, puercos, tortillas, guaraches, pan casero, hacía camotes, vendía agua fresca, sandías, raspados y hasta llego a tener una tiendita.

> **nuestro tiempo y aptitudes sirven sólo para el benéfico de otros. Una persona que ahora no tiene dinero podría llegar a tenerlo si tiene la actitud correcta de servir**

Mi abuela llegó a vender comida casera para las personas que trabajaban en el campo que no podían preparar sus alimentos por falta de tiempo y asistían a comer a su humilde casa de palapa. Ella se convirtió en ese mecanismo de contribución a la comunidad. Mi abuela fue un ejemplo de servicio, entusiasmo y buena actitud hacia el trabajo y el uso de sus recursos. Ella es un ejemplo perfecto de un engrane.

La actitud correcta trae un resultado correcto

Nuestro tiempo y aptitudes sirven sólo para el benéfico de otros. Una persona que ahora no tiene dinero podría llegar a tenerlo si tiene la actitud correcta de servir, de ser ese mecanismo para mejorar a alguien ya sea lavándole el vidrio del carro o desarrollando una aptitud o habilidad que quizás pueda arreglar el propio carro. Dentro del hombre está todo el poder necesario para ganarse el techo y la comida y crecer financieramente, pero para que ese poder sea efectivo debemos tener creencias correctas, una dirección correcta y una actitud correcta.

un individuo integro, puntual, responsable, respetuoso, trabajador, sensato, con valor, coordinado y transparente tarde o temprano será reconocido y recompensado.

El que sirva como engrane tiene una función social, por lo tanto es difícil que pase por desapercibido. Un individuo integro, puntual, responsable, respetuoso, trabajador, sensato, con valor, coordinado y transparente tarde o temprano será reconocido y recompensado. Un emprendedor va a dar con ese individuo y lo va a emplear para contribuir al mejoramiento de cualquier actividad. Los individuos con mentalidad de engrane son como una lámpara de luz: resulta imposible de no verlos. Tarde o temprano alguien los descubre.

Siempre que sirvamos o tengamos una iniciativa de

hacer algo, beneficiamos a alguien. He mencionado la historia de mi abuela como un ejemplo de engrane, ejemplo de que cualquier persona puede ser útil. Aunque mi abuela es un ejemplo de hace sesenta años, por el servicio brindado a la comunidad, aún es válido rescatarlo y ponerlo en la enseñanza de este libro.

> **el servicio en este mundo no es un rango, es una acción cotidiana**

La pregunta sería, ¿Por qué menciono este testimonio de servicio como el de mi abuela? La razón es porque hay muchas personas en este mundo que podrían ser útiles y servir en algo, sin embargo por flojera o actitud incorrecta deciden no emplear su tiempo en nada. Mi abuela vivió en los años de poca o casi ninguna tecnología. Eran tiempos donde las cosas casi no cambiaban y los cambios eran muy lentos, sin embargo ella se convirtió en una herramienta muy útil por su deseo de solucionar los problemas de otros.

El servicio en este mundo no es un rango, es una acción cotidiana. Antes, el servicio y la servidumbre eran para cierto tipo de personas de cierto nivel social y no para todos. Hoy todos debemos ser servidores. Es fundamental ver el servicio desde la perspectiva engrane, desde la perspectiva de mejorar nuestra condición de vida.

- Gracias a todos por su servicio y aporte a nuestras comunidades.

- Gracias, amigo panadero, que yo sin conocimiento alguno puedo disfrutar de unas empanadas.

- Gracias, amigo lechero, a través de tu impulso puedo nutrirme de calcio.

- Gracias, doctor, que por tu autodisciplina aprendiste a curar mis heridas.

- Gracias, amigo mecánico, que por tu paciencia sabes mejorar mi transporte.

- Y así de la misma forma, doy gracias al músico, carnicero, pastor, sacerdote, psicólogo, consejero, cantante, mercader, vendedor, contador, cajero, gerente, escritor, conferencista, chofer, taxista, zapatero, diseñador, policía, profesor, el de bienes raíces, el presidente, congresista, abogado, policía, juez, etc...

A esta lista se le puede agregar un sinnúmero de oficios y profesiones. A todos ellos debemos darles las gracias y estar agradecidos por el aporte a esta sociedad.

Ahora, yo te pregunto a ti amigo lector, que te beneficias de los servicios ofrecidos por esta sociedad, ¿De qué hay que darte las gracias a ti? ¿Cuál es tu participación en esta sociedad?

En el engranaje nadie es inferior, así es el servicio.

Un servidor actualizado es aquel individuo que se conduce con la mentalidad de hacer lo que hace para mejorar a alguien, para impulsarlo. Todos somos un engrane en un mecanismo social donde todas las ruedas están entrelazadas. ¿Cuál rueda sería la más importante de todas? ¿La última o la primera? Es obvio que todas son importantes. La última, la primera, la segunda, la tercera o la cuarta rueda tienen el mismo valor que las demás en acción y movimiento, pues si una de las mismas se atranca, todas las demás se detienen. En el engrane todas las piezas cumplen la misma importancia.

en el engranaje nadie es inferior, así es el servicio

«Los últimos serán los primero y los primeros serán los últimos.» Esta declaración nada tiene que ver con un lugar donde las personas toman valor por la posición o el oficio desempeñado, sino por lo que son.

El primero afecta al último y el último al primero. En este concepto de servir como engrane no hay súper estrellas.

Personalmente, tengo muchos desacuerdos con las súper estrellas, pues las personas que no enfrentan esta realidad de que estamos aquí para ser un engrane, se llenan de un falso orgullo y se dejan llevar por la adulación; se convierten en personas altaneras e imponentes.

las personas no deberían ir detrás de un líder, sino detrás de un ideal

Veo en todo los ámbitos, que a las personas les encanta ir detrás de un súper héroe y esto me es lastimoso y molesto, ya que en mi opinión, las personas no deberían ir detrás de un líder, sino detrás de un ideal.

Este libro tiene por objetivo que comencemos a ver el servicio como un engrane, como un mecanismo que impulsa y mejora a las personas.

Reiteremos, «SERVIR» (engrane) es el nombre que una persona conscientemente se da a sí misma respecto de otra para mostrarle **rendimiento**. Esto no quiere decir sometimiento al juicio de otra u otras personas.

El engrane siempre mantiene su curso

Por lo tanto, debemos estar conscientes que los engranes verdaderos son fieles a su función (servicio).

- **Terminan** sus tareas

- **Cumplen** con sus responsabilidades

- **Mantienen** sus promesas y completan sus compromisos

- **No dejan** el trabajo a medias, **ni lo abandonan** cuando se desengañan

- **Son responsables y dignos de confianza**

Los engranes **efectivos** mantienen un bajo perfil. **No se promueven ni llaman la atención** sobre sí mismos. Si se les reconoce por su servicio lo aceptan **humildemente** pero no permiten que la notoriedad los distraiga de sus trabajos. Los engranes de buena calidad no realizan sus obras de servicio para obtener aplausos de otros. Viven para ser gratos y eficientes, continuando en las tareas que tienen encomendadas.

La actitud moral en el servicio, no es una receta, ni se

puede dar por decreto, sino que debe ser algo más profundo, una especie de hábito personal, una clase de **virtud** o una acción de elegancia ejercido desde el fondo de su corazón.

La importancia de una nueva mentalidad en un mundo moderno

Hablar de cambio parece fácil, pero no lo es porque todo comienza en la mente. Primero, es necesario cambiar las imágenes para luego poder cambiar la conciencia y el comportamiento que a su vez cambiará los hábitos. Para que esto ocurra, debemos comenzar por los planos mentales. **La actitud mental está acondicionada por las imágenes** o los cuadros puestos en la mente con anterioridad. Si no nos gustan los cuadros, tenemos que destruirlos para poner otros de nuestro agrado; los que sean necesario para nuestra evolución como individuo y para hacer esto se requiere cierto conocimiento y conciencia. Por eso

> **los engranes de buena calidad no realizan sus obras de servicio para obtener aplausos de otros. Viven para ser gratos y eficientes, continuando en las tareas que tienen encomendadas**

decimos, «Todo comienza en los pensamientos, pero las personas debemos entender que los pensamientos tienen imágenes».

con el arte de la imaginación comienzas a incorporar nuevos conceptos y con estos, nuevos resultados

Con el arte de la imaginación comienzas a incorporar nuevos conceptos y con estos, nuevos resultados. En esto radica la importancia de entender el tema que se expone en esta obra, pues si no cambiamos los cuadros, los paradigmas y patrones mentales, nunca podremos entender la ley más grande de la prosperidad, la cual se basa en el servicio. «Pues el que sirve, será llamado mayor que todos en el reino.»

Capítulo 9

Conclusión

Cuando cambiamos la actitud mental, estamos cambiando el destino y las condiciones. Esto desencadenará un sin número de oportunidades y circunstancias que nos ayudarán a abrir puertas.

Engrane

Los malos hábitos hacen que nos aferremos a algo equivocado y si la mente no está abierta para analizar y darnos nuevas oportunidades nos aprisionamos, encajonándonos con actitudes no razonables.

Cada ser humano es diferente. Nacemos con virtudes y con el potencial de desarrollar habilidades diferentes. Hay quienes logran hacer algo con lo que tienen y complementan a otros. Sin embargo, hay otros, que a pesar de sus virtudes, habilidades

los malos hábitos hacen que nos aferremos a algo equivocado

o recursos, no hacen nada. Poseen alguna habilidad o por lo menos tiempo y aun así deciden no hacer nada. El rey Salomón nos señala lo siguiente:

«Emulen a las hormigas, perezosos. Miren sus labores solidarias. No teniendo capitán, gobernador, presidente, ni señor, preparan en el verano su comida y recogen en el tiempo de la siega su cosecha. La guardan y ahorran para cuando llegue el invierno. Abandona la falsedad de las contemplaciones con tu amigo. Háblale con sinceridad al perezoso. Despiértale, pregúntale, ¿Hasta cuándo vas a dejar de dormir? ¿Cuándo te levantarás de tu letargo y dejarás de cruzar las manos sin querer hacer nada? Sí te estoy dando mi aval para que te liberes de la pereza y de la falsedad del trapacero, levántate y camina. Así podrás ver tu necesidad como caminante y tu pobreza cambiará al volverte hombre dispuesto a caminar. Porque el hombre perezoso es el que busca el hombre depravado. Uno y otro se mezclan con su boca maquillando sus engaños. Orinan con los ojos, hablan con los pies, hacen señas obscenas con los dedos. Y solo perversidades hay en su corazón y todo el tiempo se la pasan inventando sus maldades, sembrando falsedades retocadas.

»Por tanto, su calamidad seguro les vendrá de repente. Súbito e irremediable será su quebranto, porque nadie escapará a la justicia de Dios que castigará y abominará sus almas. Los altaneros de la lengua mentirosa, de los perezosos que consienten el derrame de la sangre inocente maquinando pensamientos inmorales y sus pies corren presurosos dando falso testimonio y sembrando la discordia entre hermanos.» (Proverbios 6.6-19)

Es obvio que la pereza es una decisión. Hay quienes deciden hacer algo con lo brindado por Dios y hay quienes deciden no hacer nada y sólo vegetan por la vida. Veamos la siguiente parábola:

Porque el reino de los cielos es como un hombre que, yéndose lejos, llamó a sus siervos y les entregó sus bienes. A uno dio cinco talentos de oro y a otro dos y a otro uno. A cada uno conforme a su capacidad y luego se fue lejos. Y el que había recibido cinco talentos fue, negoció con ellos y ganó otros cinco talentos. Asimismo el quien había recibido dos negoció y ganó también otros dos. Pero el que había recibido uno fue, cavo en la tierra y escondió el dinero de su señor.

Después de mucho tiempo vino el señor de aquellos siervos y arregló cuentas con ellos. Y llegando quien había recibido cinco talentos trajo otros cinco talentos diciendo: Señor, cinco talentos me entregaste, aquí tienes, he ganado otros cinco talentos sobre ellos. Y su señor le dijo: Bien, buen siervo y fiel, sobre poco ha sido fiel, sobre mucho te pondré, entra en el gozo de tu señor. Llegando también el que había recibido dos talentos dijo: Señor, dos talentos me entregaste, aquí tienes, he ganado otros dos talentos sobre ellos, su señor le dijo: Bien, buen siervo y fiel sobre poco has sido fiel, sobre mucho te pondré, entra en el gozo de tu señor. Pero llegando también el recibidor de un talento dijo: Señor, te conocía por ser un hombre duro, que siegas donde no sembraste y recoges donde no esparciste, por lo cual tuve miedo y fui a esconder tu talento en la tierra, aquí tienes lo que es tuyo. Respondiendo su señor, le dijo: Siervo malo y negligente, sabías que siego donde no sembré y recojo donde no esparcí, Por tanto, debía mejor haber dado mi dinero a los banqueros y al venir yo hubiera recibido lo mío con los intereses.

Quitadle pues el talento y dadlo al que tiene diez talentos, porque al que tiene le será dado y tendrá más y al que no tiene, aun lo que tiene le será quitado. Y al siervo inútil echadle en las tinieblas de afuera; allí será el lloro y el crujir de dientes (Mateo 25.14-30).

Esta parábola implica que tenemos la obligación moral de hacer algo correcto con los talentos que Dios nos ha dado. Los talentos, son todos los diversos dones o habilidades que tenemos para uso de la humanidad. Esta definición abarca todos los dones naturales, espirituales y materiales. Incluye nuestras habilidades y los recursos, nuestra salud, tiempo, educación y conocimiento, así como nuestras posesiones, dinero y oportunidades. Una de las lecciones más simples de esta parábola es, que no es inmoral derivar ganancias de nuestros recursos y trabajo.

Entendamos que lo opuesto de la ganancia es la pérdida. Está más que claro, Dios nos da tiempo para hacer algo con él.

Nos da manos, ojos y mente para hacer algo que nos ayude a mejorar nuestras vidas. Estos miembros de nuestros cuerpos son herramientas útiles para hacer algo con ellos.

tenemos la obligación moral de hacer algo correcto con los talentos que Dios nos ha dado

Esta metáfora enseña una lección básica sobre la obligación de utilizar las capacidades y los recursos que tenemos y se aplica a nosotros. Hay personas que tienen gran influencia sobre los demás, otras son muy serviciales, otras en cambio son capaces de entregarse con heroísmo al cuidado de personas enfermas, los hay con una profesión, con un trabajo, con estudios, con responsabilidad concreta en la sociedad, etcétera. Todas las virtudes que poseemos son para hacer algo con ellas.

Pero puede darse el caso del tercer siervo de la historia: no produjo nada con su talento. La actitud de no hacer nada duele. Afecta a los que te rodean. La actitud de no hacer nada daña el corazón de los demás, porque es una manifestación de pereza, dejadez, falta de interés y desprecio a quien le ha regalado el talento.

Analiza tu jornada. ¿Qué has hecho hoy? ¿Qué frutos han dado tus cualidades? ¿Cuántas veces has dejado de hacer lo que debías?

Esta narración nos debe hacer pensar mucho. Cada uno de nosotros tiene un talento especial o muchos. ¿Para qué lo estamos usando?

> **Analiza tu jornada. ¿Qué has hecho hoy? ¿Qué frutos han dado tus cualidades? ¿Cuántas veces has dejado de hacer lo que debías?**

Lo primero que tú debes hacer es examinar tu vida para saber qué cosas estás haciendo para mejorar a otras. No se trata de decir, «Yo no soy bueno para esto o para esto otro». Se trata de lo contrario más bien, deslindar todo aquello para lo que podemos funcionar. Muchas veces ser diestro en algo supone nada más el interés que le demos a esa actividad y nos olvidamos quien se puede beneficiar de nuestras aptitudes o a quien le puede ayudar. Cuando pensemos en nuestras aptitudes, pensemos también a quienes podemos ayudar, pues nuestras virtudes no sirven si no son para el beneficio de alguien más. Veamos qué temas te interesan más, qué actividades gozas mucho y eso te dará una idea para implementar tus talentos.

> **pues nuestras virtudes no sirven si no son para el beneficio de alguien más**

En Mateos 22.39 encontramos, «Amaras a tu prójimo como a ti mismo». Eso implica no oprimir a nadie, no manipular, no mentir, no quedarme con lo que pertenece a otros, no criticar, no tener envidia, no ser corrupto o engañador y no ser flojo. Nuestros talentos son para el servicio de los demás, no son para humillar a nadie o para tomar ventaja de alguien, mucho menos para jactarnos. Hay personas que por cualquier excusa dejan perder oportunidades inmensas de apoyar a otro. Amar es servir a los demás, es sacrificarse. Amar es respetar, es no mentirle a tu prójimo, no envidiar, no ser manipulador o hipócrita. Amar es ser sencillo, humilde, transparente y **servicial**.

Dios nos da a cada uno diferentes talentos y diferentes habilidades para trabajar todos juntos y hacer cosas juntos. No debemos de criticar o tener celos por las habilidades o talentos que Dios da a otros. Alegrémonos más bien, que haya gente para hacer lo que uno no puede o no sabe hacer. Veamos el siguiente cuento:

En un pequeño pueblo existía una diminuta carpintería, famosa por los muebles que allí se fabricaban. Cierto día, las herramientas decidieron reunirse en asamblea para aclarar sus diferencias. Una vez que estuvieron todas reunidas, el martillo, en su calidad de presidente, tomó la palabra.

—Queridos compañeros, ya estamos constituidos en asamblea. ¿Cuál es el problema?

—Tienes que dimitir, —exclamaron muchas voces.

—¿Cuál es la razón? —inquirió el martillo.

—¡Haces demasiado ruido! —se oyó al fondo de la sala, al tiempo que las demás afirmaban con sus gestos.

—Además, —agregó otra herramienta— te pasas el día golpeando todo.

El martillo se sintió triste y frustrado.

—Está bien, me iré si eso es lo que quieren. ¿Quién se

propone como presidente?

—Yo, —se autoproclamó el tornillo.

—De eso nada, —gritaron varias herramientas—. Sólo sirves si das muchas vueltas y eso nos retrasa todo.

—Seré yo, —exclamó la lija.

—¡Jamás! —protesta la mayoría—. Eres muy áspera y siempre tienes fricciones con los demás.

—¡Yo seré el próximo presidente! —anuncia el metro.

—De ninguna manera, te pasas el día midiendo a los demás como si tus medidas fueran las únicas válidas—, dijo una pequeña herramienta.

En esa discusión estaban enfrascados cuando entró el carpintero y se puso a trabajar. Utilizó todas y cada una de las herramientas en el momento oportuno. Después de unas horas de trabajo, los trozos de madera apilados en el suelo fueron convertidos en un precioso mueble listo para entregar al cliente. El carpintero se levantó, observó el mueble y sonrió al ver lo bien que había quedado. Se quitó el delantal de trabajo y salió de la carpintería.

De inmediato la Asamblea volvió a reunirse y la chapa tomo la palabra: —Queridos compañeros, es evidente que todos tenemos defectos, pero acabamos de ver que nuestras cualidades hacen posible que se puedan hacer muebles tan maravillosos como éste.

Las herramientas se miraron unas a otras sin decir nada y la chapa continuó:

—Son nuestras cualidades y no nuestros defectos las que nos hacen valiosas. El martillo es fuerte y eso nos hace unir muchas piezas. El tornillo también une y da fuerza allí donde no actúa el martillo. La lija lima aquello que es áspero y pule la superficie. El metro es preciso y exacto, nos permite no equivocar las medidas que nos han encargado. Y así podría continuar con cada una de nosotras.

somos el complemento de alguien

Después de aquellas palabras todas las herramientas se dieron cuenta que sólo el trabajo en equipo les hacía ser realmente útiles y debían de fijarse en las virtudes de cada una para conseguir el éxito.

Este cuento nos da la sensatez de admitir que somos el

complemento de alguien y ese alguien nos complementa para ser realmente útiles y pueda lograrse algo. Para vivir en sociedad es fundamental amar a nuestro prójimo y tener la actitud de servir. No es bueno guardarse los talentos para uno, de alguna manera debemos poner a funcionar esos dones para el servicio de los demás. Pensemos en esto: no critiquemos a nadie ni escondamos el talento que nos dieron aunque nos parezca insignificante. Hagamos nuestro trabajo con el amor de brindárselo a nuestros semejantes, sin tomar ventaja de nadie.

El que ama de verdad no deja escapar ninguna ocasión para aprovechar sus dones y hacerlos fructificar en bien de los demás. Los individuos tenemos talentos infinitos, cualquier cosa que hagamos, puede manifestar nuestro amor por los demás. Si escribes, pintas o tocas algún instrumento; si eres bueno para las artesanías manuales; si puedes arreglar artefactos; si hablas bien o sabes escuchar; si puedes analizar circunstancias, administrar, etcétera. La lista puede alargarse infinitamente y todas caben de manera perfecta en un plan para servir a la sociedad.

Por lo tanto, servir con la actitud de engrane cultivando las virtudes y los talentos, debe ser nuestro propósito. Y sobre todo, siempre con el prójimo en la mente. Cuando hagamos un trabajo en el que seamos buenos, siempre hagámonos esta pregunta, ¿Cómo beneficia mi trabajo a mi prójimo? Asimismo, preguntémoslo cuando dejamos de hacer algo por nuestra comodidad, en cómo afectará eso a otros.

Interdependientes y solidarios con otros somos más fuertes y más eficientes que por separado. No importa cuántos defectos tengamos siempre habrá una virtud que nos convertirá en especiales. En eso se basa la esencia del amor al prójimo y la diversidad de sus factores.

En aquellos tiempos, cuando era lozano, fuerte y soñador, quise cambiar a mi pueblo y vi que no pude porque los poderes fácticos se interponían. Entonces intenté cambiar a mis compañeros de trabajo, pero igualmente me fue imposible porque ellos no querían cambiar. Luego pretendí cambiar al menos la casaca de mis parientes, pero ellos se aferraron a sus costumbres. Finalmente, intenté cambar mi propia casa, así que fracasé y me caí. Me levanté queriendo acoger a otra familia y fracasé varias veces porque quería hacerlo a mi manera y volví a quedar en la estancada. Intenté cambiar a unos amigos pero no pude. En este momento, que ya soy una persona en edad avanzada pienso: que los cambios por los que he luchado para otros, debieron haber comenzado en mí, para ser yo el primero en cambiar, como mi madre me lo pedía, y estoy seguro que mi familia habría cambiado y con su apoyo y resplandor, tal vez hubiera podido cambiar a mis otros familiares más cercanos, parientes, compañeros y eventualmente a mi pueblo.